HEYNE <

Bernd Brucker

Fingerspiele

Klassiker und neue Ideen für Babys und Kleinkinder

WILHELM HEYNE VERLAG · MÜNCHEN

Umwelthinweis:
Dieses Buch wurde auf chlor- und säurefreiem Papier gedruckt.

Originalausgabe 12/2004

http://www.heyne.de
Printed in Germany 2004
Konzept und Realisation: Medienagentur Gerald Drews, Augsburg
Redaktion: Katy Albrecht, Düsseldorf
Umschlagabbildung: Dex Images, Inc./CORBIS
Umschlaggestaltung: Eisele Grafik-Design, München
Satz: Fotosatz Völkl, Türkenfeld
Druck und Bindung: GGP Media GmbH, Pößneck

ISBN 3-453-68502-4

Inhalt

Vorwort

Wie heißt es doch so schön: Spielend lernt der Mensch seine Umwelt kennen, und in ganz besonderem Maße gilt dies natürlich für die Allerkleinsten. Mit jedem neuen Tag gehen sie auf Entdeckungsreise in eine ihnen noch vollkommen fremde Welt, in der es allerhand zu erleben, zu erfahren und – in des Wortes ursprünglichster Bedeutung – zu begreifen gibt. Durch ihre natürliche Neugier und ein für uns Erwachsene beinahe unbegreifliches Durchhaltevermögen eignen sie sich auf diese Weise all die Fingerfertigkeiten an, die sie im Laufe des Lebens benötigen.
An Ihnen als Eltern liegt es nun, Ihr Kind und die Entwicklung seiner Fertigkeiten gezielt zu fördern, spielerisch zu fördern, denn eines ist gewiss: Spielen bildet den Charakter, hat nachweislich positiven Einfluss auf die Kreativität und stärkt das Selbstbewusstsein.
Mit diesem Buch möchte ich Ihnen bei der Auswahl der für Sie und Ihr Kind passenden Spiele helfen. Neben zahlreichen Fingerspielen unterschiedlichster Art – einige davon werden Sie noch aus Ihrer eigenen Kindheit kennen – habe ich detaillierte Anleitungen und weitere nützliche Tipps zum Gebrauch hinzugefügt, mit einem Wort: Sie können sofort loslegen.
In diesem Sinne wünsche ich Ihnen und Ihrem Kind viel Freude beim gemeinsamen Spiel und allzeit die nötige Muße.

Bernd Brucker

Kapitel 1

Einführung

Eine lange Tradition

Wer erinnert sich nicht daran zurück: »Das ist der Daumen, der schüttelt die Pflaumen ...« Diese Zeilen hat sicher jeder schon einmal – oder besser gesagt zigmal – gehört, und tatsächlich gehört dieses wohl bekannteste Fingerspiel auch heute noch zu den beliebtesten überhaupt. Ein echter Evergreen, sozusagen, der von Generation zu Generation weitergegeben wird. Damit sind wir auch schon beim Thema: Fingerspiele haben in unserer Gesellschaft eine lange Tradition. Sie sind ein lebendiges Stück Kultur, das bereits Jahrhunderte überdauert hat, und das auch in Zukunft weiter leben wird. Bemerkenswert ist in diesem Zusammenhang, dass zumindest die gebräuchlichsten Spiele auch im heutigen Medienzeitalter noch immer mündlich überliefert werden. Und beinahe noch erstaunlicher: Über die ganze Zeit bewahren sie mehr oder weniger ihren Ursprung, von einzelnen Modernisierungen und regionalen Besonderheiten einmal abgesehen. Diesen Umstand verdanken wir in erster Linie der Tatsache, dass sie kinderleicht gelernt und auch behalten werden können, was wiederum an der speziellen Form liegt: Zumeist sind es einfache Verse in Reimform. Inhaltlich beschäftigen sie sich mit den verschiedensten Dingen und Lebensbereichen, gelegentlich finden sich auch so genannte Nonsens-Verse, die allein wegen des »schönen Klanges« gefallen. Kurz gesagt: Sie decken ein breites Spektrum ab und geben gleichzeitig Aufschluss

darüber, was zu welcher Zeit als kindgerecht empfunden wurde. Und hier hat sich in der Tat im Laufe der Jahre viel getan. Vor allem werden Kinder in der Gegenwart als Kinder angesehen, und nicht wie noch bis ins letzte Jahrhundert hinein als kleine Erwachsene. Dementsprechend betrachten wir heute manches, was wir finden, mit einem Schmunzeln, anderes eher kritisch, weil es eindeutig nicht mehr zeitgemäß ist. Dies gilt insbesondere für jene Verse, die allzu stark moralisieren und zu viel Wert auf den erhobenen Zeigefinger legen. Konsequenterweise haben solche Zeilen hier keinen Platz gefunden. Die Zusammenstellung in diesem Buch ist eine Mischung aus alten und neuen Spielen, die sich in der Praxis bewährt haben und täglich aufs Neue bewähren. So etwas wie eine autorisierte oder einzig gültige Fassung einzelner Spiele gibt es jedoch nicht. Vielmehr bestehen eine Vielzahl verschiedener Varianten nebeneinander. Zögern Sie also nicht – falls Sie eine kennen –, Ihre eigene Version zu spielen, wenn sie Ihnen besser gefällt.
Warum dann aber überhaupt ein Buch, wenn doch Fingerspiele, wie behauptet, noch immer mündlich überliefert werden? Ganz einfach: Aus praktischen Gründen! Auf diese Weise behält man bei der Vielzahl an Versen besser den Überblick und es fällt leichter, eine Auswahl zu treffen. Der Erste, der damit anfing, volkstümliche Fingerspiele zu sammeln und neue selbst systematisch zu entwickeln, war der Pädagoge Friedrich Fröbel. Sein Buch *Mutter- und Kose-Lieder, wie auch Lieder zu Körper-, Glieder- und Sinnenspielen* fand zu seinen Lebzeiten allerdings nur wenig Anklang. Fröbel, der bis in die Mitte des 19. Jahrhunderts wirkte und auch als »Erfinder« des Kindergartens gilt, hatte schon damals Vorstellungen über die Erziehung von Kindern, mit denen er seiner Zeit weit voraus war. So sah er beispielsweise das Spielen als ele-

mentar für die Entwicklung an, nicht zuletzt, weil es dem Kind wichtige Ausdrucksmöglichkeiten bietet. Entgegen der herrschenden Meinung seiner Zeit war für ihn die spielerische Beschäftigung mit Kleinkindern weit mehr als reiner Müßiggang. Heute zum Glück ein unbestrittener Fakt! Aber: Spielen ist (auch!) ein schöner Zeitvertreib, der Kindern wie Erwachsenen Spaß machen soll und nicht nur einen pädagogischen Zweck erfüllt. Um es auf den Punkt zu bringen: Nehmen Sie die Sache nicht zu ernst! Spielen Sie!

Verschiedene Fingerspiele

Fingerspiel ist nicht gleich Fingerspiel! Möglicherweise eine überflüssige, weil banale Aussage, aber die Fragestellung bei der Zusammenstellung der vorliegenden Spielesammlung war folgende: Wie gelingt es, die verschiedenen Spiele so unter einen Hut zu bringen, dass die Reihenfolge einen inhaltlichen Sinn ergibt und gleichzeitig für Sie, den Leser, leicht nachvollziehbar ist? Die Antwort lautet: Möglichst übersichtlich soll es sein, damit Sie sich jederzeit zurecht finden und wissen, wo Sie was schnell finden können. Eine Unterteilung nach rein inhaltlichen Gesichtspunkten, also etwa nach Versen aus der Tier-, Pflanzen-, Menschen-, Fantasiewelt, etc. schien mir wenig zweckmäßig. Entstanden ist schließlich ein Ordnungsprinzip nach unterschiedlichen Spieltypen.

Den Anfang machen dabei die so bezeichneten *Kosespiele* oder auch *Krabbelspiele*. Dabei handelt es sich um Spiele, die hauptsächlich dazu dienen, mit dem Kind in Kontakt zu treten, es anzusprechen, zum Lachen zu bringen. Sie verlaufen alle mehr oder weniger nach dem gleichen Muster: Der Erwachsene spricht einen Vers und führt dabei bestimmte Rituale aus, wie zum Beispiel am Körper des Kindes entlang zu krabbeln, es zu streicheln, zu drücken, zu kitzeln, ihm die Hand zu schütteln, usw. Hierunter fallen unter anderem auch Trostreime wie »Heile, heile Gänschen«, denen ein eigener kurzer Abschnitt gewidmet ist. Das Kind hat dabei eher eine passive, eine wahrnehmende Rolle. Die eigenen Finger werden noch nicht gezielt bewegt.

Als nächstes kommen die *Zeigespiele*. Ihnen ist allen zu eigen, dass die Finger in irgendeiner Form benannt werden, indem zunächst der Erwachsene darauf zeigt. Bekanntestes Beispiel ist das bereits an vorheriger Stelle erwähnte »Das ist der Daumen, der schüttelt die Pflaumen ...« Die Absicht dahinter ist, dass das Kind lernt, die einzelnen Finger unabhängig voneinander zu bewegen. Die Feinmotorik wird geschult und gleichzeitig das Sprachgefühl. Später dann soll das Kind auch in der Lage sein, auf bestimmte Dinge zu zeigen und diese zu benennen.

Dem schließen sich an die *Zählspiele*, eigentlich eine Unterform der Zeigespiele. Anstelle von Begriffen werden den Fingern unterschiedliche Zahlen zugeordnet oder beides miteinander kombiniert. Es geht darum, ein Gespür für Reihenfolgen zu entwickeln. Sinnvollerweise werden die Zählspiele erst gespielt, wenn das Kind bereits so etwas wie grammatische Strukturen beherrscht, sprich einfache Sätze bilden kann.

Das nächste Kapitel befasst sich mit *Aktionsspielen*. Darunter ist zu verstehen, dass das Kind mit den Fingern, den Händen und den Armen bestimmte einfache Bewegungen unter Anleitung nachahmen kann. Ziel ist es, das Spiel auch zu begreifen, also einen Handlungszusammenhang nachzuvollziehen. Viele dieser einfachen Aktionsspiele eignen sich jedoch auch hervorragend als einfache Krabbelspiele.

Es folgen *einfache Geschichten*, die mit den Händen dargestellt und nachgespielt werden. Sinn und Zweck ist wie bei den Aktionsspielen, Zusammenhänge zu begreifen, das Sprachgefühl und die Koordinationsfähigkeit weiter zu entwickeln. Die Erfahrung zeigt, dass Kinder bei diesen kleinen Geschichten riesigen Spaß haben, auch wenn sie noch nicht in der Lage sind, sie selbst nachzuspielen. Soll heißen: Spielen sie ruhig frühzeitig, aber erwarten Sie nicht zu viel.

Das letzte Kapitel schließlich widmet sich dem einfachen *Fingertheater*. Hier werden etwas komplexere Zusammenhänge dargestellt. Aus Fingern werden Figuren, die miteinander interagieren. Hierbei sind die Kinder vor allem Zuschauer, die aber auch mit ins Spiel einbezogen werden. Das Besondere am Fingertheater ist, dass es keine feste Form hat. Es ist gereimt oder ungereimt, folgt einer Vorlage oder ist improvisiert. Zum Selberspielen ist es – besonders für Kleinkinder – eher ungeeignet. Dennoch bringt schon das Zuschauen viel und macht obendrein Spaß. Um das Ganze noch aufzupeppen, können Sie Ihre Finger schmücken und Ihre eigene kleine Bühne basteln. Hierzu finden Sie entsprechende Anleitungen und Vorlagen.

Wie schon gesagt: Die Trennlinie zwischen einzelnen Spielen kann verschwimmen und es ist nicht immer auf den ersten Blick einzusehen, warum ein Spiel ein Zeigespiel, das nächste aber ein Aktionsspiel sein soll. Lassen Sie sich dadurch aber nicht irritieren. Wie »einfach« oder »anspruchsvoll« ein einzelnes Spiel dann in Wirklichkeit ist, hängt natürlich maßgeblich davon ab, wie es gespielt wird. Bleibt noch eine Frage zu klären:

Welche Spiele für welches Alter?

Als Richtwert geht man davon aus, dass Fingerspiele gespielt werden können, sobald das Kind aus eigener Kraft sitzen kann und seine Hände frei hat. Zuerst die einfachen Kosespiele, mit einem Jahr auch Zeigespiele und so geht es dann weiter bis zu einem Alter von ungefähr fünf Jahren. Aber wie gesagt handelt es sich dabei um einen Richtwert. Sinnvoller als eine verbindliche Altersangabe ist es jedoch, die Entwicklungsstufe des Kindes zum Maßstab zu nehmen. Und noch viel wichtiger für Sie als Eltern ist vor allem eines: Sie können nicht viel falsch machen, wenn Sie mit Ihrem Kind spielen, so lange Sie nur richtig bei der Sache sind. Einen ganz sicheren Anhaltspunkt haben Sie noch: Gefällt das Spiel Ihrem Kind, liegen Sie in jedem Fall richtig.

Was bringen Fingerspiele?

Erst im letzten Jahrhundert wurde intensiv – und mit den neuesten wissenschaftlichen Methoden – erforscht, welchen Einfluss die Beweglichkeit der Finger auf die Entwicklung weiterer Fähigkeiten hat. Die Ergebnisse überraschen nicht: Es sind durchweg positive Auswirkungen. So haben Verhaltensforscher beispielsweise festgestellt, dass der Gehirnbereich, der für die Koordination der Finger verantwortlich ist, in unmittelbarer Nachbarschaft zum

Bereich für Spracherwerb liegt, und allem Anschein nach verhält es sich so, dass sich die beiden Bereiche gegenseitig beeinflussen. Etwas verkürzt dargestellt ergibt sich die Schlussfolgerung, dass die Fingerfertigkeit sich günstig auf die Sprachentwicklung auswirkt und umgekehrt: Sprachübungen verbessern das Koordinationsvermögen. Demzufolge sind Fingerspiele also in doppelter Hinsicht wertvoll, weil sie eine Kombination von beidem sind: Sprache und Bewegung. Aber ganz von diesen Erkenntnissen einmal abgesehen: Für die Kleinsten hat jedes Spiel – durchaus wörtlich genommen – seinen ganz eigenen Reiz. Aus Sicht eines Babys oder Kleinkindes ist zunächst einmal alles, was es in dieser Welt sieht, hört, fühlt, riecht oder schmeckt, eine ganz neue Erfahrung, die es noch nicht einordnen kann. Erst mit der Zeit werden diese Erfahrungen zu etwas Vertrautem, nämlich dann, wenn sie sich öfter wiederholen. Und genau darum geht es: Vertrauen! Das bedeutet nichts anderes als etwas, worauf man sich verlassen kann, etwas, das man kennt. Ein schöneres Geschenk können Sie Ihrem Kind gar nicht machen, als ihm dieses Urvertrauen mit auf seinen Lebensweg zu geben; ein Pfund, mit dem es später einmal wuchern kann.

Wussten Sie übrigens, dass Fingerspiele nicht nur riesigen Spaß machen und das Koordinationsvermögen verbessern, sondern noch eine Reihe weiterer »Nebenwirkungen« haben? Und das alles ohne Risiko! Hier sind nur einige davon:

1. Wie bereits erwähnt: Durch wiederholtes Spielen lernt ein Kind: Es kann sich auf seine Eltern verlassen und ihnen vertrauen. Die kleinen Rituale werden mit der Zeit durchschaubar und berechenbar, ein Teil der Unsicherheit geht dadurch verloren, die Position in dieser

Welt wird ein Stück weit bestimmt. Mit einem Wort: Das Fundament für ein gesundes Selbstvertrauen wird gelegt.

2. Die Sinne werden geschärft. Babys und Kleinkinder sind ständig damit beschäftigt, ihre Möglichkeiten zu erkunden, soll heißen: Sie finden nach und nach heraus, welche Mittel ihnen zur Verfügung stehen, um sich in der »neuen Welt« (nach der Geborgenheit im Mutterleib) zu behaupten. Dieser Prozess verläuft besonders in den ersten Lebensmonaten in rasender Geschwindigkeit und ist ein ständiges Hin und Her zwischen Erfahren und Ausprobieren, Erleben und Nachahmen. Um diese Entdeckungsreise zu begleiten und zu unterstützen, können Sie als Eltern in einem begrenzten Maße bestimmen, welchen Erfahrungen Sie Ihr Kind aussetzen. Neben der Flut an Reizen, auf die Sie keinen Einfluss haben, können Sie eine angenehme und anregende Umgebung schaffen. Dazu gehört die Bereitstellung von verschiedenen Spielzeugen ebenso wie häufiger Körperkontakt und eine liebevolle Zuwendung.
3. Spielen ist ein schöner Zeitvertreib oder anders ausgedrückt: Spielen ist gut gegen Langeweile. Zur Erklärung: Jeder kennt die unangenehme Situation, nicht zu wissen, was er mit seiner Zeit anfangen soll. Das ist schon bei den Kleinsten so. Über die Langeweile gibt es ausführliche Theorien, die hier freilich nicht in allen Einzelheiten erörtert werden können. Nur soviel: Eine der angenommenen Ursachen für jenes lähmende Gefühl ist ein Mangel an Abwechslung auf der einen Seite, verbunden mit der Unfähigkeit, die einströmenden Reize von außen in angemessener Form zu verarbeiten. Im Klartext bedeutet das: Man hätte zwar genug zu tun, weiß aber nicht, wie man es anfangen soll. Wenn Sie also mit Ihrem Kind spielen, ist es nicht nur für den

Moment abgelenkt und »ruhig gestellt«. Es lernt darüber hinaus, wie es seine Zeit nutzen kann und dabei Fortschritte macht. Viele kleine Erfolgserlebnisse sind garantiert.

4. Die sensorisch-motorischen Fähigkeiten werden gefördert. Fingerfertigkeiten, davon war schon öfter die Rede, sind eine Schlüsselqualifikation, deren Bedeutung heutzutage unumstritten ist. Es geht nicht unbedingt darum, ein Kleinkind zu einem späteren Konzertpianisten (oder Chirurgen) auszubilden, aber viele Türen öffnen sich tatsächlich leichter, wenn man seine Hände zu gebrauchen weiß. Beispielsweise kann man etwas »richtig anpacken«, schafft etwas »von eigener Hand« oder »hat den Dreh raus«. Alles Redewendungen, die nicht von ungefähr kommen. Wer seinen Körper selbst bewusst erlebt – und ebendies wollen Fingerspiele unter anderem fördern –, der wird selbstbewusst, weil er ein Gespür für seine Talente und Möglichkeiten entwickelt. Mehr noch werden, wie schon gesagt, das Sprachgefühl, das Gedächtnis und die Intelligenz im Allgemeinen gesteigert. Die Erfahrung lehrt uns, dass wir Dinge, die wir anfassen können, schneller und besser begreifen.
5. Mit Fingerspielen wird soziale Kompetenz vermittelt, sozusagen, um noch einmal eine Redewendung zu bemühen, das sprichwörtliche Fingerspitzengefühl im Umgang mit anderen Menschen. Hierzu gehört neben dem Erlernen von Mitteln der nonverbalen Kommunikation – die gemeinsam mit der Sprache unsere wichtigste Ausdrucksmöglichkeit ist – ein sicheres Gespür dafür, wie man sich in bestimmten Situationen »sozial angemessen« verhält. Dabei geht es für die Kleinsten freilich nicht darum, wie man gekonnt diversen gesellschaftlichen Fettnäpfchen aus dem Wege geht. Ziel ist also keines-

wegs ein Leitfaden für Benimm oder gar ein »Knigge für Kleinkinder«. Vielmehr geht es um elementare Werte wie Zuneigung, menschliche Wärme und Geborgenheit, die ausgedrückt werden durch körperlichen Kontakt, eine liebevolle Ansprache und nette Gesten. Die Vorbildfunktion, die die Eltern diesbezüglich ausüben, ist nicht zu unterschätzen, denn Sozialverhalten lernt man von der Pike auf. Vieles spricht dafür, dass Kinder, die »wohl behütet« aufgewachsen sind, später einmal selbst zu freundlicheren und umgänglicheren Menschen werden.

Neben diesen offensichtlichen Vorzügen – und die Reihe ließe sich beinahe beliebig fortsetzen – haben Fingerspiele noch einen ganz praktischen Vorteil, der sich nicht von der Hand weisen lässt: Sie sind einfach. Und sie gehen schnell. Diesen Umstand werden Sie spätestens zu schätzen lernen, wenn sie einmal unterwegs sind und kein passendes Spielzeug parat haben ...

Was Fingerspiele nicht bewirken

Zum Schluss soll noch mit einem alten Vorurteil aufgeräumt werden. Tatsächlich ist immer noch vereinzelt zu hören oder zu lesen, dass kleine Kinder durch manche Fingerspiele nachhaltig geschädigt würden. Gewarnt wird beispielsweise immer wieder vor dem Osterhasen, den es ja – so sagt man – in Wirklichkeit gar nicht gäbe. Deshalb sei es besser, bei der Wahrheit zu bleiben und auch im Spiel eine Henne die Eier legen zu lassen. Nur so könne vermieden werden, dass sich in den kleinen Köpfen ein falsches Bild der Welt festsetze, das die Kinder unnötig verwirre.

Natürlich entstehen beim Spielen in den Köpfen der Kinder mitunter Bilder, die mit der Wirklichkeit nicht unbedingt viel zu tun haben, aber Schaden wird dadurch nicht verursacht. (Übrigens passiert das nicht nur durch die Erwähnung von Osterhasen und Weihnachtsmännern, sondern auch bei ganz alltäglichen Gegenständen, die dem Kind unbekannt sind.) Ganz im Gegenteil wird eher die Vorstellungskraft gefördert, und wie trostlos sähe denn eine fantasielose Welt aus! Viel bedeutender als die Frage, welche Spiele Sie denn nun auswählen – und das ist immer auch eine Geschmacksfrage –, ist, *wie* Sie mit Ihrem Kind spielen. Dazu finden Sie im folgenden Kapitel ein paar Anregungen.

Kapitel 2

Praktische Tipps

Wo kann man spielen?

Die Frage ist schnell beantwortet. Weil sie so einfach sind, weil man weder eine aufwändige Vorbereitung noch viel Platz oder diverse Spielutensilien braucht, lassen sich Fingerspiele prinzipiell überall spielen. Zu Hause in vertrauter Umgebung, unterwegs – ob im Auto, Zug oder Flugzeug –, kurz: an jedem x-beliebigen Ort. Achten Sie jedoch stets auf den richtigen Rahmen! Soll heißen: Schaffen Sie eine angenehme Atmosphäre, eine Art Erlebniswelt, in der das Spiel im Mittelpunkt steht. Dafür braucht es nicht viel mehr, als dass Sie die Aufmerksamkeit Ihres Kindes auf sich lenken, bevor Sie mit dem Spielen beginnen.

Wann spielt man?

Ob beim Wickeln, beim Baden, beim Zubettgehen oder um zu trösten: Für ein Spiel bleibt immer Zeit. Das soll nun aber nicht heißen, dass Sie ununterbrochen und um jeden Preis spielen sollten. Wie bei allen anderen Dingen gilt es auch hier, das richtige Maß zu finden. Aber keine Angst! Sie werden sehr schnell merken, ob Ihr Kind gerade in Spiellaune ist oder nicht. Trotzdem noch ein Tipp: Kleine Kinder brauchen Rituale. Durch bestimmte Abläufe, die sich regelmäßig wiederholen, gewinnen sie Sicherheit und Vertrauen und lernen zu abstrahieren. Das heißt, sie lernen zu unterscheiden und zuzuordnen. Dieser Prozess verläuft ganz automatisch und ist notwendig, um sich in der Welt zurecht zu finden. Sie können jedoch einen Teil dazu beitragen, indem Sie das Spiel bewusst zu einem Ritual machen. Am einfachsten ist es, immer zu bestimmten Zeiten oder zu bestimmten Gelegenheiten zu spielen, als da wären die oben genannten.

Wie spielt man?

Feste Regeln gibt es zunächst nicht. Zwar finden Sie zu jedem Spiel in diesem Buch eine mehr oder weniger detaillierte Spielanleitung, hier und da sogar verschiedene Varianten, aber diese »Spielregeln« sind nur Vorschläge, die sich beliebig abändern lassen. Letztendlich bleibt es auch Ihrer Fantasie überlassen, was Sie aus einem Spiel machen. Allerdings sollten Sie Ihr Kind nicht überfordern. Das bedeutet erstens, dass einfache Spiele auch einfach bleiben sollten. Bauen Sie also nicht zuviel »Schnickschnack« mit ein. Zweitens sollte jedes Spiel für das Kind einen Wiedererkennungswert haben. Haben Sie sich einmal für eine Spielvariante entschieden, sollten Sie diese im Großen und Ganzen auch in Zukunft beibehalten. Leichte Abweichungen sind aber unproblematisch und gelegentlich sogar sehr reizvoll.

Nehmen Sie sich Zeit

und seien Sie immer bei der Sache! Auch wenn dies wie eine Selbstverständlichkeit klingt, ist es nicht immer einfach, sich daran zu halten, denn eines haben Kinder den Erwachsenen ganz gewiss voraus: eine schier grenzenlose Neugier und ein bewundernswertes Durchhaltevermögen. Haben sie erst einmal Spaß an einer Sache gefunden, dann sind sie nur schwer wieder davon abzubringen. In der Praxis sieht das dann oft so aus, dass sie ein und dasselbe Spiel wieder und wieder spielen wollen, auch wenn ihrem Gegenüber die Geduld schon längst vergangen ist. Lassen Sie es am besten gar nicht so weit kommen. Planen Sie schon von vornherein einen bestimmten Zeitraum ein und spielen Sie auf keinen Fall über Ihre eigene »Schmerzgrenze« hinaus. Wenn Sie genug haben, dann beenden Sie das Spiel – liebevoll aber bestimmt –, wann immer dieser Punkt auch erreicht ist. Das ist allemal besser als die Lustlosigkeit erkennen zu lassen, denn damit kann man einem Kind gründlich den Spaß am Spielen verderben, unter Umständen auch langfristig.

Nützliche Tipps

Seien Sie abwechslungsreich! Und seien Sie kreativ! An früherer Stelle wurde bereits gesprochen von den »Erlebniswelten«, von der angenehmen Atmosphäre, die Sie Ihrem Kind beim Spielen schaffen können. Dazu finden Sie im Spielteil in den folgenden Kapiteln immer wieder einzelne Tipps eingestreut.
Entscheidend ist aber vor allem Ihre Stimme und Ihre Gestik, die die einzelnen Spiele erst lebendig werden lassen. Achten Sie also nicht nur darauf, alle Bewegungsabläufe »richtig« auszuführen, sondern spielen Sie mit allen Ausdrucksmöglichkeiten, die Sie haben. So lässt sich die Stimme beispielsweise senken und heben, Sie können schnell oder langsam, laut oder leise sprechen. Ebenso vielfältig kann Ihre Mimik sein. Zwischen fröhlich und bedrohlich (nicht so bedrohlich, dass sich ihr Kind fürchtet) liegen sehr viele Zwischenstufen, nicht zu vergessen all die Grimassen, die Sie schneiden können. Nun wird

niemand – und zuletzt Ihr Kind – von Ihnen verlangen, dass Sie einen perfekten Mimen abgeben. Dennoch sollten Sie sich mit einem Spiel auseinander setzen, bevor Sie es zum ersten Mal spielen. Zumindest sollten Sie eine gewisse Ahnung davon haben, wie es funktioniert, aber keine Angst: Die meisten Spiele sind sehr kurz, sehr einfach und wegen der gereimten Form auch sehr schnell zu lernen, und bekanntlich ist es die Übung, die den Meister macht.

Eine weitere Idee, ein Spiel aufzulockern: der Überraschungseffekt. Bauen Sie bewusst kleine Fehler in Spiele ein, die Ihr Kind bereits kennt, und lassen Sie sich korrigieren. Oder krabbeln Sie einmal hinter den Ohren, wenn ein Kitzeln am Bauch erwartet wird. Solche Kleinigkeiten werden oft mit einem munteren Quieken belohnt.

Weiterhin gibt es noch zahlreiche Hilfsmittel, die Ihnen zur Verfügung stehen. Beziehen Sie Schmusetiere und andere Spielzeuge mit ein, am besten solche, zu denen Ihr Kind schon einen Bezug aufgebaut hat.

Und schließlich können Sie Ihre Finger noch mit bunten Gesichtern bemalen oder Fingerpuppen überziehen, die Sie gemeinsam gebastelt haben.

Wie Sie sehen, können Sie Ihrer Fantasie freien Lauf lassen. Achten Sie nur darauf, dass Sie selbst sich mit dem, was Sie tun, genauso wohl fühlen wie Ihr Kind, dann liegen Sie auf jeden Fall richtig.

Kapitel 3

Kosespiele, Krabbelspiele

Die Spiele in diesem Kapitel sind vor allem den Kleinsten gewidmet. Hier wird gehätschelt und getätschelt, geschmust und gekost, gekribbelt, gekrabbelt und gekitzelt und vor allem viel gelacht. Spiele für jeden Anlass, aber auch für ganz besondere Gelegenheiten. Spiele, mit denen Sie Ihrem Kind zeigen können, wie sehr Sie es lieben.

1. Spiele für jeden Anlass

werden – wie sollte es auch anders sein – bei verschiedenen Gelegenheiten gespielt: beim Wickeln, beim Baden, beim Essen, vor dem Schlafengehen oder einfach, wenn es sich gerade anbietet. Nur ein Tipp dazu: Wenn Ihr Kind zur Ruhe kommen soll, dann sind die schnelleren und »wilderen« Spiele eher ungeeignet.

Das Mäuschen

kommt ein Mäuschen,
kommt ein Mäuschen,
macht klingeling
ist wer im Häuschen ?
Krabbeln Sie mit Zeigefinger und Mittelfinger »als Mäuschen« über den Körper des Babys von den Beinen nach oben. Bei »klingeling« zupfen Sie es sacht an der Nase oder am Ohr.

Kommt 'ne Maus

Kommt 'ne Maus,
baut ein Haus.
Kommt 'ne Mücke,
baut 'ne Brücke.
Kommt ein Floh,
der macht so.
Kommt 'ne Grille,
die macht: kille, kille, kille
Zuerst laufen Sie als Maus mit Zeige- und Mittelfinger am Arm des Kindes nach oben, dann kreisen Sie als Mücke mit dem Zeigefinger vor dem Gesicht und landen auf der Nase. Der Floh zwickt sanft ins Ohr, die Grille kitzelt schließlich am Hals.

Kommt ein Mäuschen

Kommt ein Mäuschen,
will ins Häuschen,
will von der/dem (Namen des Kindes)
den Speck.

Dieses Spiel geht ähnlich wie das vorige. Zunächst mit zwei Fingern am Körper des Kindes entlang krabbeln und es dann hinter den Ohren oder am Hals kitzeln.

In der Küche

In der Küche auf dem Tisch
steht ein Topf mit Milch, ganz frisch.
Katze will sich dran erlaben,
möchte von der Milch was haben,
steckt das Köpfchen in das Töpfchen
und trinkt und trinkt und trinkt.

Der Milchtopf ist die hohle Hand des Kindes. Krabbeln Sie mit den Fingern einer Hand »zum Töpfchen« und kitzeln Sie es in der Handfläche.

Da kommt der Bär

Da kommt der Bär,
der tappt so schwer.
Da kommt die Maus,
rennt schnell ins Haus –
da hinein, da hinein!

Mit allen Fingern langsam über den Bauch laufen und dabei »schwer« auftappen. Die flinke Maus kommt gleich hinterher. Fangen Sie wieder unten am Bauch an und laufen Sie hinauf bis unters Kinn.

Tipp

Kurze Spiele lassen sich gut kombinieren und ergeben zusammen gefasst ein längeres Spiel.

Die Maus kauft ein

Schau, da läuft die kleine Maus
schnell aus ihrem Mäusehaus.
Zucker, Butter, Mehl und Eier
kauft sie heute bei Frau Meier.
Dann flitzt sie aus dem Laden raus
zurück zu ihrem Mäusehaus.
Wer will, der darf sie dort besuchen.
denn heute backt sie Zuckerkuchen.

Diesmal startet die Maus aus ihrem Haus unter dem Kinn und läuft über die Schulter den Arm hinunter. Bei »Zucker, Butter, Mehl und Eier« jeweils einmal auf die Handfläche des Kindes klatschen. Danach wieder den Arm des Kindes hoch laufen und kurz kitzeln. Am Schluss klatschen Sie einmal in die Hände.

Da kommt die Maus

Da kommt die Maus,
da kommt die Maus.
Klingelingeling!
Ist der Herr (die Dame) zu Haus?
Krabbeln Sie mit Zeige- und Mittelfinger um den Kopf herum und wackeln Sie bei »klingelingeling« an der Nase.

Der Floh

Es war einmal ein Floh,
der hüpft herum ganz froh.
Und weil er dich so mag,
sagt er guten Tag!
Der Zeigefinger ist der Floh und hüpft auf dem Bauch herum. Bei »sagt er guten Tag« die Hand schütteln.

Tipp

Für alle Krabbelspiele gilt: Suchen Sie so oft wie möglich den Blickkontakt mit Ihrem Kind, besonders dann, wenn Sie es direkt ansprechen.

Kommt ein Mann die Treppe rauf

Kommt ein Mann die Treppe rauf,
klingelt,
bimbam,
klopft an:
Guten Tag, Frau/Herr Nasemann.
Krabbeln Sie mit einer Hand den Arm hinauf; beim Klingeln zupfen Sie am Ohrläppchen; beim Klopfen tippen Sie

mit dem Zeigefinger an die Stirn des Kindes; bei »guten Tag, Frau Nasemann« wackeln Sie an der Nasenspitze.

Eine Schnecke

Eine Schnecke, eine Schnecke
krabbelt rauf, krabbelt rauf,
krabbelt wieder runter,
krabbelt wieder runter,
kitzelt deinen Bauch,
kitzelt deinen Bauch.

Legen Sie zunächst die flache Hand auf den Bauch des Babys. Die »Krabbelbewegungen« führen Sie aus, indem Sie die Finger zuerst nach vorne strecken und dann die Handfläche nachziehen. Zuerst geht es entsprechend den Versen nach oben, anschließend das Gleiche rückwärts. Zum Schluss den Bauch kitzeln. Zu diesem Spiel und zum folgenden passt die Melodie von »Bruder Jakob«.

Tipp

Mit einer leisen Melodie untermalt sind die kleinen Reime besonders einprägsam. Dies gilt gleichermaßen für Sie wie für Ihr Kind.

Kleiner Käfer

Kleiner Käfer, kleiner Käfer
flieg herbei, flieg herbei,
zeig mir deine Punkte, zeig mir deine Punkte,
eins, zwei, drei, eins, zwei, drei.

Lassen Sie Ihre Hand in der Luft kreisen und wackeln Sie

dabei mit den Fingern. Bei »eins, zwei, drei« tippen Sie dem Kind leicht auf die Stirn.

Das Käferkind

Das Käferkindlein ist geschmückt
mit sieben kleinen Pünktchen:
am Füßchen eins, am Beinchen eins,
am Händchen eins, am Ärmchen eins,
am Bäckchen eins, am Öhrchen eins.
Und eines, ein klitzekleines,
ist mitten auf der Nase.
Nacheinander werden der Fuß, das Bein, die Hand, der Arm, der Bauch, die Wange, das Ohr und schließlich die Nasenspitze angetippt.

Der Elefant

Ein Elefant
kommt über die Steppe gerannt,
zwickt dich ins Knie,
zwick, zwack!
So ein Schabernack!
Und zum Schluss
gibt er dir 'nen dicken Kuss.
Mit allen Fingern am Bein hoch »rennen«, ins Knie zwicken und am Schluss einen Kuss geben.

Die Krabbe

Eine Krabbe geht spazieren:
Sie krabbelt am Füßchen,
sie kitzelt am Knie,
dann krabbelt sie weiter und lacht: hihi!

Wo will sie denn hin?
Zum Bäuchlein,
weiter zum Kinn,
über die Backen.
Und dann will sie dich
In die Nase zwacken.

Die Krabbe bewegt sich den Versen entsprechend von unten nach oben und zwickt am Schluss dem Baby in die Nase. Zwischendurch kichert sie fröhlich.

Tipp

Lassen Sie bei allen Spielen das Lachen nicht zu kurz kommen. Das sorgt für eine ganz besonders angenehme Atmosphäre und außerdem: Auch lachen will gelernt sein.

Hansemann geht voran

Hansemann geht voran,
erst hampeln,
dann strampeln.
Streng dich an, kleiner Mann!
Lauf dich warm
auf den Arm,
hüpft dann auch
auf den Bauch,
querfeldein
übers Bein.
Zum Schluss: hopp!
auf den Kopp.

Bei diesem Spiel geht es drunter und drüber! Auch hier folgen Sie einfach den Anweisungen aus dem Text. Gespielt wird mit Zeige- und Mittelfinger. Fangen Sie am besten auf einem Beinchen an und hüpfen Sie dann an die entsprechenden Stellen. Beim »Hampeln« hüpfen Sie an einer Stelle von einem Finger auf den anderen, beim »Strampeln« tippeln Sie und beim »Laufen« bewegen Sie sich fort. Wechseln Sie ab und zu das Tempo.

Fünf Schweinchen

Fünf Schweinchen kommen gelaufen,
der Bauer will sie verkaufen:
das Schnüffelnäschen
das Wackelöhrchen
das Kugelränzchen
das Ringelschwänzchen.
Das ruft das kleine Wackelbein:
»Kommt schnell, wir gehen heim!«

Laufen Sie mit den Fingern den Arm von den Schultern zur Hand des Kindes hinunter, fassen an die Nase, wackeln am Ohr und klopfen auf den Bauch. Dann strecken Sie den kleinen Finger, bewegen ihn hin und her und marschieren am Arm wieder nach oben.

Komm, mein Bärchen

Komm, mein Bärchen,
ich streichle dein Härchen.
Komm, mein Schneckchen,
ich streichle deine Bäckchen.
Komm, mein kleiner Hase,
ich streichle deine Nase.
Komm, mein kleiner Hund,
ich streichle deinen Mund.

Ein Spiel, bei dem viel gestreichelt wird. Besonders gut beim Wickeln.

Ei, wer kommt denn da daher

Ei, wer kommt denn da daher?
Ist das nicht ein brauner Bär?
Oder gar ein Elefant
aus dem fernen Morgenland?
Nein, es ist ein kleines Mäuschen.
Ei, wo ist es, sag es doch!
Hier ist das kleine Mauseloch!

Der Bär und der Elefant krabbeln ganz langsam mit allen Fingern einer Hand, das Mäuschen wechselt auf zwei Finger (Zeige- und Mittelfinger) und wird ganz flink. Am Ende wird das Kind unter dem Kinn gekitzelt

Tipp

Bei allen Spielen, in denen sich das Mäuschen am Ende in seinem Mauseloch verkriecht, können Sie variieren. Die Verstecke befinden sich beispielsweise unter dem Kinn, unter den Achselhöhlen, hinter den Ohren, aber auch unter der Bettdecke. Ungeeignet sind dagegen der Mund, die Nasenlöcher oder die Innenseite der Ohren, weil Berührungen dort von Babys als unangenehm empfunden werden.

Fünf Reiter

Hopp, hopp, hopp,
fünf Reiter im Galopp,
reiten sie in schnellem Lauf
den hohen Berg zum Schloss hinauf,
steigen oben ab,
klapp, klapp, klapp, klapp, klapp.

Ein schnelleres Spiel. Das Kind hat die Beine angezogen und die fünf Finger reiten im Galopp vom Oberschenkel bis zum Knie hinauf.

Die Fliege summ-summ-summ

Schau, die Fliege summ-summ-summ
fliegt um deinen Kopf herum,
fühlt sich so bei dir zu Haus',
ruht sich auf (der Nase) aus.
Nehmen Sie eine imaginäre Fliege zwischen Daumen und Zeigefinger und fliegen damit dem Kind um den Kopf herum. Schließlich landet sie irgendwo (z. B. auf der Nase, dem Bauch, den Armen usw.).

Morgenwäsche

Ei, das ist ein Späßchen,
seifen wir das Näschen,
waschen wir den Mund,
denn waschen ist gesund:
jetzt die Stirn,
die Äuglein,
das ganze Gesicht.
Liebes Büblein (Mädchen), wein doch nicht!
Und jetzt noch die Hände, ei der Daus,
siehst wie frisch gewaschen aus.
Besonders geeignet fürs Waschen oder beim Baden.

Klein Häschen wollt' spazieren gehn

Klein Häschen wollt' spazieren gehn,
spazieren ganz allein,
da hat's das Bächlein nicht gesehn,

und plumps, da fiel 's hinein!
Nun lief mein Häschen schnell nach Haus,
klitschnass an Haut und Haar.
Die Mutter klopft ihm 's Fellchen aus,
bis dass es trocken war.

Das Häschen (Zeige- und Mittelfinger) geht über den Körper des Kindes und fällt dann hinunter. Anschließend über den Kopf streicheln.

Auch dieses Spiel ist gut für die Badewanne geeignet. Wenn das Häschen in den Bach fällt, mit der Hand aufs Wasser klatschen, dass es spritzt.

Kinne Wippchen

Kinne Wippchen,
rote Lippchen,
Stuppel-Näschen,
Augenbräunchen,
zupf, zupf mein Härchen!

Der Reihe nach berühren Sie Kinn, Mund, Nase und Augenbrauen des Kindes und zupfen zuletzt ganz sacht an den Haaren.

Abendkuss

Mit Hochgenuss
den Abendkuss
bläst der Elefant
auf deine Hand!

Führen Sie die Hand Ihres Kindes vor Ihren Mund und pusten hinein, so dass ein trompetendes Geräusch dabei entsteht. Der Name des Spiels verrät es bereits: Besonders gern wird es beim zu Bett gehen gespielt.

Piepering

Ich weiß ein Ding,
heißt Piepering,
kann gehn und drehn,
kann auf dem Kopf nach Hause gehn.

Bewegen Sie Ihren Zeigefinger vor dem Gesicht des Kindes (abwechselnd beugen und strecken, dann kreisen lassen.) Danach dreht sich »Piepering« um und wandert von der Brust abwärts unter die Bettdecke.

Sonnenkäfer

1. Sie haben rote Röckchen an,
mit kleinen schwarzen Pünktchen dran.

Refrain:
Erst kommt der Sonnenkäferpapa,
dann kommt die Sonnenkäfermama
und hintendrein, ganz klitzeklein,
die Sonnenkäferkinderlein.

2. Sie machen ihren Sonntagsgang,
auf unsrer Gartenbank entlang.

3. Sie wollen auf die Wiese gehn,
wo viele bunte Blumen stehn.

4. Sie breiten ihre Flügel aus
und fliegen ganz geschwind nach Haus.

5. Und abends gehn die Käferlein
in ihre Käferbetten rein.

Beim Refrain krabbeln Sie mit Ihren Fingern jeweils zuerst den linken Arm, dann den rechten Arm und schließlich ganz flink am Bauch entlang.

Katzen können Mäuse fangen

Katzen können Mäuse fangen,
haben Krallen wie die Zangen,
schlüpfen durch die Bodenlöcher,
auch zuweilen auf die Dächer.
Mäuschen mit dem Ringelschwänzchen
machen auf dem Dach ein Tänzchen.
Leise, leise kommt die Katz',
hat sie all' auf einen Satz!

Dieses Spiel ist sehr aufregend und lebt vor allem von der Spannung. Am besten sprechen Sie langsam und betont, wenn die Katze an der Reihe ist, schneller und höher beim Tanz der Mäuse und beim letzten »Satz« ganz schnell.

Die Katze ist die rechte Hand, die zu einer Pranke geformt wird und sich langsam auf das Kind zu bewegt. Die Finger der linken Hand sind die Mäuschen, die auf dem Handrücken des Kindes herum tanzen. Die rechte Hand kommt immer näher und fängt am Schluss die Mäuschen mitsamt der Hand des Kindes.

Sälzchen, Schmälzchen

Sälzchen,
Schmälzchen,
Butterchen,
Brötchen,
Kribbelkrabbelkrötchen.
Streichen Sie bei jeder Zeile mit der flachen Hand über die Handfläche des Kindes. Bei »Kribbelkrabbelkrötchen« mit den Fingerspitzen kitzeln.

Ringele, Ringele

Ringele, Ringele,
kreuzweis,
Ellenbogen,
Näslein 'zogen,
großer Patsch,
kleiner Patsch,
kribbele, krabbele, krabbele.
Malen Sie mit Ihrem Zeigefinger zwei Ringe und ein Kreuz in die Hand des Kindes und legen danach den Ellenbogen hinein. Anschließend am Näschen ziehen, zweimal die Händchen gegeneinander klatschen und am Schluss in der offenen Handfläche kitzeln.

Der Schneck

Oh, wie langsam,
Oh, wie langsam,
kriecht der Schneck
von seinem Fleck.
Kriecht er einen Zentimeter,
findet er sich wohl ganz keck.

Ich würde viel, viel schneller laufen,
wenn ich eine Schnecke wär'.
Legen Sie die ganze Hand auf den Körper des Kindes und bewegen Sie sie langsam als Schnecke fort, indem Sie jeweils die Finger nach vorne strecken und dann die Handfläche nachziehen. Am Ende wird der Schneckengang schneller.

Nasenmann

Guten Tag Herr Nasenmann,
sieh dir meine Faust mal an:
Sieht wie eine Blume aus.
Nein, ich glaube diese Dinger
sind ja meine Finger,
mit denen ich dich kitzeln kann.
Geben Sie zur Begrüßung die Hand. Anschließend eine Faust zeigen und hin und her drehen. Danach öffnen Sie die Finger einzeln und kitzeln an verschiedenen Stellen.

Hühnerhaus

Klopf, klopf, klopf, das Hämmerlein,
steigt hinauf ins Kämmerlein,
steigt hinauf ins Hühnerhaus,
fliegen alle Hühner raus
Mit dem Zeigefinger leicht gegen die Stirn tippen und dann alle zehn Finger als Hühner davon fliegen lassen.

Vogelnest

Droben auf dem Apfelbaume
ist ein kleines Nest.
Vögelein im süßen Traume
schlafen darin fest.
Die Katze klettert auf den Baum,
weckt die Vöglein aus dem Traum.
Seht! Sie fliegen fort geschwind.
Wie der Wind, wie der Wind.

Streicheln Sie mit der linken Hand den Kopf. Die rechte Hand wird zu einer Pranke geformt und nähert sich langsam. Schließlich fliegen wie beim vorigen Spiel alle Vöglein davon.

Mein, dein, sein

Mein, dein, sein,
der Tisch, der ist noch rein,
der Bauch, der ist noch leer,
drum brummt er wie ein Bär.

Ein Spiel beim Essen. Zu diesem kleinen Abzählreim benötigen Sie noch eine dritte »Person«, zum Beispiel den Lieblingsteddy. Zeigen Sie mit dem Finger zuerst auf sich, dann auf das Kind, dann auf den »Dritten« in der Runde. Am Ende mit der Hand über das leere Bäuchlein reiben.

Tipp

Beziehen Sie auch die »Spielgefährten« wie Kuscheltiere oder Puppen in Ihre Spiele mit ein, besonders dann, wenn Ihr Kind schon eine Beziehung zu seinen »Kameraden« aufgebaut hat.

Das Spiegelei

Brate dir ein Spiegelei,
koche leck're Möhrchen,
gib ein Stückchen Butter bei,
brutzel Schweineöhrchen.
Mach noch einen Kloß,
trinke dazu Saft:
Das macht riesengroß,
das gibt richtig Kraft!

Und noch ein Spiel, das vor dem Essen gespielt werden kann, aber auch einfach zwischendurch. Malen Sie dem Kind das Ei in die Handfläche; die Möhren werden umgerührt. Dabei machen Sie mit Ihrem Zeigefinger Rührbewegungen. Die Butter halten Sie zwischen Daumen, Zeigefinger und Mittelfinger und geben sie hinzu. Danach mit der flachen Hand darüber streichen. Für den Klos formen Sie die Hand des Kindes zur Faust, und den Saft schenken Sie schließlich in die hohle Hand.

Alternativ dazu können Sie auch ganz einfach bei jeder Zeile über das flache Händchen streicheln.

2. Trostverse

sind im eigentlichen Sinne keine Fingerspiele, gehören aber dennoch mit in dieses Buch. Sie sind geeignet für die ganz kleinen sowie für größere Kinder und sie haben vor allem einen Zweck: ein Lachen in traurige Gesichter zu zaubern.

Ob bei kleinen Wehwehchen oder bei sonstigen Gelegenheiten können diese kleinen Verse wahre Wunder wirken, denn oft ist der Schreck größer als der Schmerz.

Nehmen Sie einfach Ihren kleinen Schatz liebevoll in die Arme, streicheln ihn und sprechen mit beruhigender Stimme eine dieser »magischen Zauberformeln«. Dazu wird gestreichelt und gepustet.

Heile, heile, Segen

Heile, heile Segen!
Drei Tage Regen,
drei Tage Schnee,
tut es nimmer weh.

Oder so:

Heile, heile Segen,
sieben Tage Regen,
sieben Tage Sonnenschein
und da lacht mein Kindelein.

Heile, heile Gänschen

Heile, heile Gänschen,
es ist bald wieder gut.
Das Kätzchen hat ein Schwänzchen,
es ist bald wieder gut.
Heile, heile Mausespeck,
in hundert Jahren ist alles weg.

Heile, Fingerchen, heile

Heile, Fingerchen, heile,
es dauert noch eine Weile,
es dauert noch bis Rosmarein,
dann ist wieder Sonnenschein.
Bei kleinen Verletzungen an den Fingern.

Krabbel, krabbel Mäuschen

Krabbel, krabbel Mäuschen,
jetzt schlüpf ich in dein Häuschen.
Krabbel, krabbel Maus,
jetzt komme ich heraus.
Ich sehe mir mein Kindchen an,
ob es wieder lachen kann.
Hier wird zusätzlich noch gekrabbelt.

Kapitel 4

Zeigespiele

oder wenn Sie so wollen: das, was man streng genommen unter Fingerspielen versteht. Sie verlaufen alle mehr oder weniger nach dem gleichen Muster. Die Finger werden einzeln angetippt, benannt und bewegt. Zunächst haben die Kinder dabei eine passive Rolle, später dann liefert der Spielleiter nur noch eine Anleitung. Die Inhalte sind unterschiedlichster Art und es wird in verschiedenen Varianten gespielt. Und noch ein Tipp: Spielen Sie nicht zu viele verschiedene Spiele in zu kurzen Abständen. Suchen Sie sich lieber jeweils einige wenige aus, die Sie dann immer wiederholen. Das bekannteste gleich zu Beginn:

Das ist der Daumen

Das ist der Daumen,
der schüttelt die Pflaumen,
der hebt sie auf,
der trägt sie nach Haus,
und der kleine, der isst sie alle auf.
Tippen Sie alle Finger des Kindes nacheinander an und umfassen Sie am Schluss die Hand des Kindes. Den Anfang macht der Daumen.

Das ist das Kleinchen

Das ist das Kleinchen,
das ist das Beinchen,
das ist der lange Mann,
das ist der Zeigemann,
das ist der dicke Mann,
der so schön nicken kann.
Hier ist die Reihenfolge genau anders herum. Fangen Sie mit dem kleinen Finger an und machen Sie der Reihenfolge nach weiter bis zum Daumen, der sich zum Schluss verbeugt.

Daumen, bück dich

Daumen, bück dich,
Zeiger, streck dich,
Mittler, neig dich,
Goldner, lupf dich,
Kleiner, duck dich!
Alle Finger nacheinander beugen und wieder strecken.

In den Brunnen gefallen

Der ist in den Brunnen gefallen,
der hat ihn wieder rausgeholt,
der hat ihn ins Bett gebracht,
der hat ihn zugedeckt,
und der kleine Schelm hier
hat ihn wieder aufgeweckt.
Alle Finger sind zunächst gestreckt. Dann wird der Daumen in die Handfläche gelegt, Zeigefinger, Mittelfinger und Ringfinger nacheinander darüber. Am Schluss wird am kleinen Finger gewackelt und alle Finger auf einmal wieder geöffnet.

Der ist in den Pütz gefallen

Der ist in den Pütz gefallen,
der hat ihn herausgeholt,
der hat ihn abgetrocknet,
der hat ihn ins Bett gelegt,
und das kleine Stubbeditzchen
hat es Vater und Mutter gesagt.
Diesmal ist die geschlossene Faust (Daumen außen) der Ausgangspunkt. Nacheinander werden alle Finger gestreckt, angefangen beim Daumen.

Das Däumchen fiel ins Wasser hinein

Das Däumchen fiel ins Wasser hinein,
der holte heraus das Brüderlein,
der hat es in das Bett gesteckt,
der hat es sorgsam zugedeckt,
der kleine Schelm, der lustige,
der hat es wieder aufgeweckt.
Nacheinander an allen Fingern wackeln.

Tipp

Wechseln Sie bei den Spielen ab und zu zwischen linker Hand und rechter Hand.

Der ist in den Wald gegangen

Der ist in den Wald gegangen,
der hat den Hasen gefangen,
der hat ihn heimgebracht,
der hat ihn gebraten,
der hat's verraten.
Nacheinander an allen Fingern wackeln. Den Anfang macht der Daumen.

Der sah den Hasen

Der sah den Hasen,
der lief ihm nach,
der hielt ihn fest,
der aß ihn auf,
der hat nichts gekriegt.
Nacheinander an allen Fingern wackeln. Den Anfang macht der Daumen.

Rasen mähen

Der hat das Gras abgemäht,
der hat das Gras umgedreht,
der lädt es auf den Wagen auf,
der führt das Pferd den Berg hinauf,
der Kleine sitzt oben drauf.
Nacheinander an allen Fingern wackeln. Den Anfang macht wieder der Daumen.

Der sagt

Der sagt: Ich bin mächtig und reich!
Der sagt: Ich bin der Wüstenscheich!
Der sagt: Ich bin der Nikolaus!
Der sagt: Ich bin die kleine Maus!
Der Kleine sagt: Ich glaub, ihr spinnt!
Ihr wisst doch, dass wir Finger sind!
Nacheinander alle Finger antippen, am Schluss mit allen wackeln.

Tipp

Spiele, bei denen der Daumen nicht explizit Daumen heißt, können statt mit den Fingern auch mit den Zehen gespielt werden. Bei Zehenspielen wird an den entsprechenden Zehen gewackelt.

Essen

Der hat großen Durst,
der möchte eine Wurst,
der möchte einen Butterwecken,
der möchte gerne Honig schlecken,
und der kleine Butzemann
schaut vergnügt die andern an.
Nacheinander alle Finger nach innen beugen. Der kleine Finger bleibt übrig.

Das Häschen kochte süßen Brei

Das Häschen kochte süßen Brei
in einem großen Topf.
Der bekam was.
Der bekam was.
Der bekam was.
Der bekam was.
Der bekam nix.
Drum lief er heim ganz fix.
Rühren Sie zunächst mit dem Zeigefinger in der hohlen Hand des Kindes. Dann tippen Sie nacheinander alle Finger an und wackeln am Schluss am kleinen Finger.

Ins Bett

Das ist das dicke Babettchen,
das will nie ins Bettchen.
Das ist die Elfriede,
die ist auch nie müde.
Das ist der lange Klaus,
der muss noch mal raus.
Der Peter unterdessen,
der muss noch was essen.
Nur unser Kleiner lieb und nett,
nimmt Teddy am Beinchen
und geht ins Bett.
Aus der geschlossenen Faust (Daumen außen) werden nacheinander alle Finger geöffnet. Am Schluss wieder mit dem kleinen Finger wackeln.

Zu Bett

»Zu Bett, zu Bett!«, sagt der Daumelott.
»Erst noch was essen!«, sagt der Leckerpott.
»Wo soll ich 's holen?«, sagt der Langemann.
»In Großvaters Kammer!«, sagt der Ringeling.
»Das werd ich verraten!«, sagt das kleine Ding.
Nacheinander an allen Fingern wackeln.

Der Baumeister

Der baut ein Haus,
der baut eine Brücke,
der baut einen Turm,
der baut ein Tor,
und der kleine Schelm
guckt unten hervor.
Nacheinander werden alle Finger nach innen gebeugt, der kleine Finger bleibt am Ende stehen.

Regen

Der sagt: »Vom Regen wirst du nass.«
Der sagt: »Der Regen ist kein Spaß.«
Der sagt: »Da geh ich gar nicht aus.«
Der sagt: »Da bleib ich zu Haus'.«
Der sagt: »Ich will nicht auf die Sonne warten!«
Und geht mit Regenschirm in den Garten.
Ein Spiel zum Vor- und Nachspielen. Aus der Faust werden nacheinander alle Finger ausgestreckt und verbeugen sich gegen das Kind, während sie sprechen. Der kleine Finger geht schließlich über den Tisch (das Bett, den Bauch, ...), wobei ihm die zweite Hand als Regenschirm dient.

Warum ist mein Däumchen so dick

Der ist in den Wald gegangen,
der wollte den Osterhasen fangen.
der trug ihn heim mit viel Müh',
der hat ihn gebraten bis morgen früh
und dieses Däumchen dick und klein,
das aß das Häschen ganz allein'.
Darum ist mein Däumchen so dick.
Aus der Faust (Daumen innen) werden alle Finger gestreckt, der kleine Finger zuerst. Am Ende mit dem Daumen wackeln.

Die Familie von guter Art

Das ist der Vater mit frohem Mut,
das ist die Mutter, lieb und gut,
das ist der Bruder, schlank und groß,
das ist die Schwester mit dem Püppchen im Schoß,
das ist das Kindchen, klein und zart.
Das ist die Familie von guter Art.
Der Reihe nach den Daumen, den Zeigefinger, den Mittelfinger, den Ringfinger und den kleinen Finger des Kindes antippen. Schließlich alle Fingerchen mit der eigenen Hand umschließen.

Oder so:

Die Familie

Das ist der Vater, lieb und gut,
das ist die Mutter mit dem Federhut,
das ist der Bruder, stark und groß,
das ist die Schwester, die wohnt auf dem Schloss,
das ist das jüngste Kindelein,
und das soll die ganze Familie sein.
Der Reihe nach an allen Fingern wackeln und dann mit der ganzen Hand winken.

Bauernhof

Das ist der Bauer,
das ist die Bäuerin,
das ist der Knecht,
das ist die Dirn'
und das ist das kleine Butzerl in der Wiege.
Nacheinander an allen Fingern wackeln.

Der Herbst ist da

Daumen sagt: »Der Herbst ist da!«
Zeigefinger ruft: »Hurra, hurra!«
Dem Mittelfinger gefällt das nicht:
»Der Herbst bringt auch viel Regen mit!«
Der Ringfinger schreit gleich drein:
»Der Herbst, ja der beschenkt uns fein!«
Der Kleine freut sich und lacht:
»Der Herbst hat uns Birnen, Äpfel und Trauben gebracht!«
Alle Finger verneigen sich und sagen dabei ihr Verschen auf.

Der Flieger

Der fährt im Wagen,
der fährt im Auto,
der fährt mit der Straßenbahn,
der fährt mit der Eisenbahn.
Der Kleine da fährt im Luftschiff!
Siehst du ihn? Dort fliegt er!
Die Faust ist geschlossen. Nacheinander wackelt jeder Finger einzeln und wird danach wieder in die Faust gelegt. Beim kleinen Finger bewegt sich dann die ganze Hand. Dieses Spiel ist auch besonders gut geeignet zum Vor- und Nachspielen.

Der muss das Bäumlein schütteln

Der muss das Bäumlein schütteln,
der wirft hinauf mit Knütteln,
der klaubt die Birnen in Säckchen,
der trägt nach Haus das Päckchen,
und der Kleine versteckt 's im Stroh,
darüber sind die andern alle froh.
Nacheinander an allen Fingern wackeln. Am Schluss winken.

Die fünf Musikanten

Der spielt die Geige,
der spielt die Flöte,
der spielt die Zither,
der spielt Trompete
und der kleine Schnickschnack
spielt am liebsten Dudelsack.
Nacheinander an allen Fingern wackeln.

Das Christkind

Ein Käppchen zum Reiten,
ein Püppchen zum Kleiden,
ein Kütschlein zum Fahren,
ein Büchslein zum Sparen,
zum Lesen ein Büchlein,
zum Kochen ein Küchlein,
ein Geiglein zum Greifen,
ein Flötlein zum Pfeifen
und Glöcklein zum Klingen
wird 's Christkind bringen.
Alle Finger werden nacheinander angefasst.

Was die Finger alles können

Der Daumen dreht sich rundherum.
Der Zeigefinger biegt sich um.
Der Mittelfinger macht 's ihm nach.
Der Ringfinger sagt: »Dass ich nicht lach!«
»Das kann ich auch«, sagt dieser Kleine.
Nun steht er hier so ganz alleine.
Mit einem Mal Kopf unter
beugt er sich auch herunter.

Alle Finger sind zuerst ausgestreckt. Der Daumen wird gekreist und schließlich gebeugt. Die anderen Finger nacheinander beugen, bis der Kleine übrig bleibt und wackelt. Schließlich wird auch er gebeugt und gesellt sich zu den anderen.

Kleines Auto

Ein kleines Auto hält vor unsrem Haus:
»Ich fahre mit!«,
ruft der dicke Pit.
»Ich steig auch ein!«,
ruft der dünne Hein.
»Macht Platz!«,
ruft der lang Max.
Und dann noch die Trude.
Die will nach Buxtehude.
»Die Türen zu!«, ruft Klaus.
»Sonst fallen wir wieder raus!«
Zuerst mit der ganzen Hand wackeln, dann nacheinander alle Finger beugen und wieder strecken. Am Schluss alle Finger zu einer Faust schließen.

Schaut, was meine Finger machen

Schaut, was meine Finger machen,
langsam und geschwind.
Wickel, wickel, wackel, wackel,
das kann jedes Kind.
Der erste Finger ist sehr klein
und kann noch nicht zu Hause sein.
Der zweite Finger wackelt sehr
und holt sich schnell den dritten her.
Der vierte schaut in großer Ruh'
als Zeigefinger allen zu.

Der Daumen kommt noch angesaust:
Ach, lasst mich doch in eure Faust!
Alle Finger einer Hand zappeln. Der kleine Finger wird mit der anderen Hand fest gehalten. Dann den Ringfinger hin- und herbewegen, kleinen Finger, Ring- und Mittelfinger zusammenhalten, den Zeigefinger beugen und strecken. Schließlich legen sich alle Finger um den Daumen und bilden eine Faust.

Fünf Finger hab' ich an der Hand

Fünf Finger hab' ich an der Hand.
Ich weiß, sie alle sind bekannt:
Mit dem Daumen fängt es an,
Zeigefinger kommet dann,
Mittelfinger in der Mitte
folgt darauf und ist der dritte.
Goldner Finger ist der vierte,
trägt ein Ringlein oft zur Zierde.
Endlich noch Kleinfingerlein.
Alle, alle sind sie mein.
Nacheinander an allen Fingern und schließlich mit der ganzen Hand wackeln.

Alle meine Fingerlein

Alle meine Fingerlein wollen einmal Tiere sein.
Dieser Daumen dick und rund
ist ein großer Schäferhund.
Zeigefinger ist das stolze Pferd,
bei dem Reiter sehr begehrt.
Mittelfinger ist die braune Kuh,
die macht immer muh, muh, muh.
Ringfinger ist der Ziegenbock,
mit dem langen Zottelrock.

Und das kleine Fingerlein,
das soll unser Lämmchen sein.
Nacheinander an allen Fingern und schließlich mit der ganzen Hand wackeln.

Bäume

Fünf Bäume stehn im Garten,
die will ich fleißig warten,
damit in späteren Tagen,
sie große Früchte tragen.
Der Baum, der kleine Daumen,
trägt einst schöne Pflaumen,
der Zeigefinger Birnen,
der Mittlere ist ein Kirschenbaum,
der Gold'ne ist ein Apfelbaum
und dieses kleine Fingerlein,
das soll der Weinstock sein.
Erst alle Finger gleichzeitig beugen und strecken, dann alle Finger einzeln antippen und bewegen.

Der Wurm auf dem Turm

Was macht die Schnecke?
Die kriecht unter die Decke.
Was macht der Käfer?
Wenn er nicht krabbelt, dann schläft er.
Was macht der Wurm?
Er klettert auf den Turm.
Was macht die Grille?
Sie sucht ihre Brille.
Was macht die Laus?
Sie läuft zu unsrer Maus
ins klitzekleine Zwergenhaus.
Nacheinander alle Finger zeigen und bewegen.

Der Daumen wollte spazieren gehn

Der Daumen wollte spazieren gehn,
der Zeiger möchte bei ihm stehn.
Da kam gar bald der aus der Mitten
den beiden andern nachgeschritten.
Ringfinger macht' sich auf die Beine
und endlich kam dann noch der Kleine.
Wie gut, dass keins zu Hause blieb;
sie hatten sich ja alle lieb.
Finger nacheinander antippen und dann die ganze Hand umschließen.

Der schöne Kirschzweig

Ei, seht den schönen Kirschzweig an!
Fünf rote Kirschen hängen dran.
Das ist die Kirsche kugelrund,
das ist die Kirsche kerngesund.
Das ist die Kirsche Zuckerblut,
und das die Kirsche gar so gut.
Die letzte Kirsche ist die beste,
da kommt ein Spatz aus seinem Neste
und rupft 's und zupft 's und reißt und beißt,
bis alle fünfe sind verspeist.
Nacheinander auf alle Finger zeigen, danach noch einmal an allen Fingern zupfen. Der Daumen macht den Anfang.

Wellen

Alle meine Finger fein sollen heut mal Wellen sein.
Der erste trägt ein großes Schiff,
der zweite steuert es durch Fels und Riff.
Der dritte schaukelt 's hin und her,
der vierte macht ganz glatt das Meer.

Doch der fünfte, der kleine Bösewicht,
spritzt Wasser hoch, dem Kapitän ins Gesicht.
Ein Spiel für Badewanne oder Planschbecken! Alle Finger nacheinander bewegen und am Schluss mit Wasser spritzen.

Blumen

Unsre kleinen Fingerlein
sind nun lauter Blümelein.
Dieses allerkleinste, schau,
ist ein kleines Veilchen blau.
Nun wollen wir die Primel finden
und ein schönes Kränzlein binden.
Auch Leberblümchen ist schon da,
wie freut sich jedes Kind, hurra!
Doch schau her, was ist denn das?
Gänseblümchen im grünen Gras.
Auch das Schneeglöckchen darf nicht fehlen,
wer kann all die Blümlein zählen,
die da wachsen im Sonnenschein
und alle Kinder so erfreun.
Alle Finger einzeln antippen und danach über die Hand streicheln.

Tipp

Viele Zeigespiele lassen sich gut mit einem anschließenden kurzen Zählspiel (siehe nächstes Kapitel) verbinden.

Kapitel 5

Zählspiele

sind – wie bereits in der Einführung erwähnt – eine Variante der Zeigespiele, bei denen es weniger um die Fingerfertigkeit als vielmehr um das Einüben von Reihenfolgen geht.
Daneben gibt es einen weiteren wichtigen Unterschied: Gezählt wird immer nach der gleichen Reihenfolge. Der Daumen ist die Eins, Daumen und Zeigefinger sind zwei, den Mittelfinger dazu ergibt drei, mit dem Ringfinger sind es vier und alle Finger einer Hand sind fünf. Die Finger, die nicht mitzählen sollen, bleiben gebeugt. Darüber hinaus wird üblicherweise mit der linken Hand begonnen und mit der rechten Hand in gleicher Weise weiter gezählt. Der Daumen der rechten Hand ist also die Sechs und so weiter.
An diese vereinheitlichten Normen sollten Sie sich auch halten, denn das Abzählen an Fingern ist eine wichtige Grundlage für später.

Anmerkung

In anderen Ländern wird auf andere Weise gezählt (vielerorts wird der Daumen nicht mitgezählt), und dementsprechend gibt es dort auch eine andere Art zu spielen.

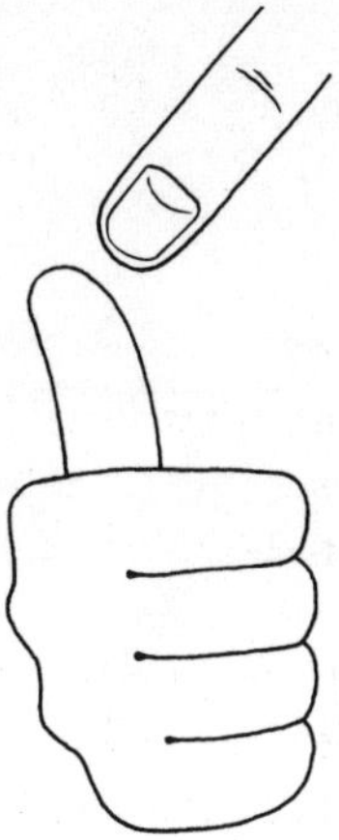

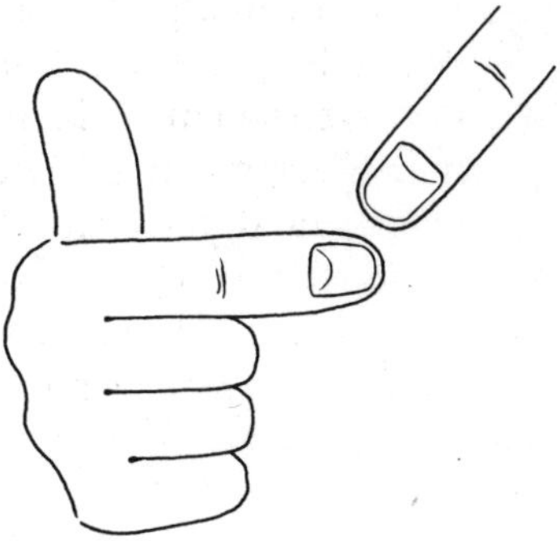

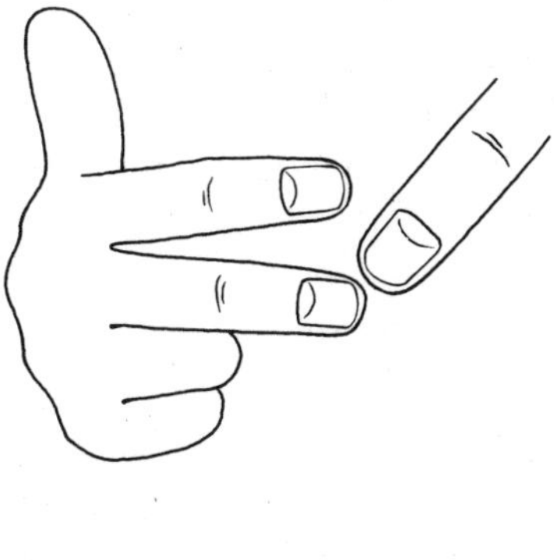

Eins, zwei, drei

Oben auf dem Berge,
eins, zwei, drei,
da sitzen kleine Zwerge,
eins, zwei, drei.
Und unten auf der Wiese,
eins, zwei, drei,
da schläft ein dicker Riese,
eins, zwei, drei.
Bei eins, zwei, drei, werden nacheinander Daumen, Zeigefinger und Mittelfinger gestreckt.

Beim Däumchen sag ich eins

Beim Däumchen sag ich eins,
beim Zeigefinger zwei,
beim Mittelfinger drei,
beim Ringfinger vier,
beim kleinen Finger fünf ich sage.
Hab' ins Bettchen all gelegt,
schlafen, keines mehr sich regt.
Still, dass keins zu früh erwache!
Die Finger des Kindes nacheinander strecken und dann mit der eigenen Hand zudecken.

Die Stachelmaus

Ich bin die kleine Stachelmaus
und strecke meine Stacheln aus,
erst eins,
dann zwei,
dann drei,
dann vier,

dann fünf,
dann laufe ich geschwind nach Haus.
Wieder wird auf die entsprechende Weise gezählt. Danach laufen alle Finger davon.

Eins, zwei, drei, vier, fünf

Eins, zwei, drei, vier, fünf,
die machen sich auf die Strümpf',
die springen über Gräben
und manchmal auch daneben.
Sie fallen in die Sümpf',
und weg sind alle fünf!
An den Fingern bis fünf zählen, danach mit allen Fingern davon laufen, hüpfen und schließlich eine Faust machen und auf den Tisch fallen lassen.

Fünf Finger

Was sagen fünf Finger?
Der erste sagt:
»Wenn 's regnet, das ist nicht schön!«
Der zweite sagt:
»Wenn 's regnet, da bleib ich stehn!«
Der dritte sagt:
»Wenn 's regnet, das ist nicht nett!«
Der vierte sagt:
»Wenn 's regnet, bleib ich im Bett!«
Der fünfte sagt:
»Wenn 's regnet, kann ich 's kaum erwarten
und laufe schnell hinaus in den Garten.«
Auf die bekannte Weise bis fünf zählen. Der kleine Finger hüpft noch fröhlich herum.

Fünf Kinder

Fünf Kinder sind zu Tisch gerannt,
die Suppe war heiß und hat sehr gebrannt.
Der Erste ist schnell in den Garten gelaufen,
der Zweite fängt gleich an zu raufen,
der Dritte macht ein böses Gesicht,
der Vierte sagt: »Das mag ich nicht!«
Der Fünfte setzt sich auf Mutters Schoß
und bläst und bläst drauf los.
Ein Spiel, das man gut vor dem Essen spielen kann.

Fünf Freunde

Fünf Freunde sitzen dicht an dicht.
Sie wärmen sich und frieren nicht.
Der erste sagt: »Ich muss jetzt gehn.«
Der zweite sagt: »Auf Wiedersehn!«
Der dritte hält es auch nicht aus.
Der vierte läuft zur Tür hinaus.
Der fünfte ruft: »Hey, ich frier'!«
Da wärmen ihn die anderen vier.
Auf die bekannte Weise bis fünf zählen. Am Schluss die Faust wieder schließen.

Der Apfel

Fünf Finger stehen hier und fragen:
»Wer kann diesen Apfel tragen?«
Der erste Finger kann es nicht,
der zweite sagt: »zuviel Gewicht«,
der dritte kann ihn auch nicht heben,
der vierte schafft das nie im Leben.
Der fünfte aber spricht:

»Ganz allein, so geht das nicht!«
Gemeinsam heben kurz darauf
fünf Finger diesen Apfel auf.

Für dieses Spiel benötigen Sie einen Apfel oder einen anderen Gegenstand. Der Apfel wird am Ende mit der ganzen Hand gegriffen und aufgehoben.

Fünf Brüder

Fünf Brüder sagen: »Alles Gute!«
Denn sie sind stets bei frohem Mute.
Der erste kommt mit schnellem Schritt,
und bringt dir einen Kuchen mit.
Der zweite gibt dir gleich 'nen Kuss
und schenkt dir eine Kokosnuss.
Der dritte malt noch schnell ein Bild:
Ein Ritter auf dem Pferd mit Schild.
Der vierte lacht: »Hoho, hoho!«
Er ist heut' ganz besonders froh.
Der fünfte stimmt nun an ein Lied
und alle Brüder singen mit.

Zu Beginn die Hand des Kindes schütteln und am Schluss ein Liedchen anstimmen. Ein schönes Spiel zum Geburtstag.

Wie schreibt mein Kind so schön

Eins, zwei, drei, die Tafel schnell herbei.
Und bringt auch einen Schieferstift,
den braucht das Kindlein für die Schrift.
Eins, zwei, drei, die Tafel schnell herbei.

Vier, fünf, sechs, da macht es einen Klecks.
Das Kind schreibt einen langen Brief,

sind auch die Seiten noch so schief.
Vier, fünf, sechs, da macht es einen Klecks.

Sieben, acht, neun, die Mutter wird sich freun.
Wisst ihr denn, was mein Kindlein schrieb?
»Lieb Mütterlein, ich hab' dich lieb.«
Sieben, acht, neun, die Mutter wird sich freun.

Und jetzt noch die Zehn. Wie schreibt das Kind so schön!
Und Mütterlein gibt zum Beschluss
Dem Kindlein einen süßen Kuss.
Und jetzt noch die Zehn. Wie schreibt das Kind so schön!
Erzählen Sie die Geschichte und zählen Sie die zehn Finger des Kindes nacheinander ab. Am Schluss darf auch noch geküsst werden.

Eins, zwei Polizei

Eins, zwei Polizei
drei, vier Offizier
fünf, sechs alte Hex'
sieben, acht gute Nacht
neun, zehn schlafen gehn.
Zählen Sie an den Fingern bis zehn und legen Sie dann die gefalteten Hände an die Wange. Ein Spiel vor dem Schlafengehen.

Zehn kleine Fingerlein

Zehn kleine Fingerlein, die gehen nun ins Bett.
Zehn kleine Fingerlein, die machen sich's jetzt nett.
Eins, zwei, drei, vier, fünf,
sie ziehen aus die Strümpf'.

Sechs, sieben, acht,
sie sagen: »Gute Nacht!«
Und noch neun und zehn,
bevor sie schlafen gehn.

Noch ein Spiel für den Abend. Krabbeln Sie mit Ihren Fingern über die Bettdecke, bevor Sie mit dem Zählen beginnen.

Kapitel 6

Aktionsspiele

Mit den Fingern kann man noch viel mehr machen, als sie einzeln zu bewegen oder zu zählen. Was das im Einzelnen sein kann, erfahren Sie im folgenden Kapitel. Lassen Sie sich von der Überschrift »Aktionsspiele« aber nicht in die Irre führen, denn es bedeutet nicht notwendigerweise, dass Sie bei jedem Spiel sofort aus der Puste kommen. Aktion heißt nur, dass Sie zunächst etwas mit Ihren Händen vorspielen, um Ihrem Kind Lust auf mehr, Lust auf Bewegung, Lust aufs Spielen zu machen.

Meine lieben Fingerlein

Meine lieben Fingerlein
müssen sehr beweglich sein,
dass ich – wachs ich nun heran –
vieles damit machen kann.
Zeigen Sie Ihre geöffneten Hände und beginnen Sie mit den Fingern zu zappeln. Dieses kleine Spiel eignet sich auch sehr gut als Einleitung für andere Spiele.

Zwei Hände und zehn Fingerlein

Zwei Hände und zehn Fingerlein,
das sind gar muntre Dingerlein.
Sie beugen sich,
sie stehen gerad',
weil jedes seine Gelenke hat.
Alle Finger zuerst beugen und dann wieder strecken.

Taler

Da hast 'nen Taler
gehst aufn Markt
kaufst Dir 'ne Kuh
und ein Kälbchen dazu
das Kälbchen hat ein Schwänzchen
didel didel dänzchen.
Bei »Taler«, »Markt«, »Kuh« und »Kälbchen« klatschen Sie jeweils mit der offenen Hand auf die Hand des Kindes und streichen darüber.
Am Schluss kitzeln Sie die Hand.

Oder so:

Talerspiel

Einen Taler in der Hand,
kannst dir kaufen Sand und Land.
Haus und Hof, Pferd und Kuh
und ein kleines Füllen dazu.
Klatschen Sie die Hände des Kindes im Takt zusammen und kitzeln Sie es am Ende in der Handfläche.

Meine Hände sind verschwunden

Meine Hände sind verschwunden,
habe keine Hände mehr.
Seht, da sind die Hände wieder,
Tralalalalala.
Die Hände sind hinter dem Rücken versteckt. Bei »Seht, da sind die Hände wieder« werden sie nach vorne gestreckt und zappeln. Dazu passt die Melodie von »Kommt ein Vogel geflogen«.

Wie das Hähnchen auf dem Turm

Wie das Hähnchen auf dem Turm
sich kann drehn bei Wind und Sturm,
so soll sich mein Händchen drehn,
dass es wunderschön ist anzusehn.
Lassen Sie Ihre Hände kreisen und werden Sie dabei immer schneller.

Halte grad die Finger

Halte grad die Finger dein!
Nur das Däumchen, dick und klein,
drehe sich herum im Kreise

mit Geschick und regem Fleiße.
Auch die andern Fingerlein
sollen recht beweglich sein.
Auf und nieder, auf und nieder,
streckt und bückt sich jedes wieder.
Alle Finger tun 's geschwind.
So wird recht geschickt das Kind.
Mit dem Daumen wird gekreist. Alle anderen Finger abwechselnd beugen und strecken.

Zippel, zappel, Fingerlein

Zippel, zappel, Fingerlein,
wollen gar nicht stille sein,
zappeln hin und zappeln her
und geben keine Ruhe mehr.
Fingerlein, jetzt aber still,
weil ich euch was sagen will:
noch mal hin, noch mal her,
doch jetzt gibt's kein Gezappel mehr!
Die Finger zappeln ohne Unterlass. Bei »zappeln hin« strecken Sie sie dem Kind entgegen, bei »zappeln her« ziehen Sie sie wieder zu sich. Bei »jetzt aber still« und ganz am Ende wird nicht mehr gezappelt.

Was die Finger können

Die Fingerlein sind lustige Dingerlein.
Bewegen sich her, bewegen sich hin,
sich rasch zu bewegen steht ihnen der Sinn.

Die Fingerlein sind saubere Dingerlein.
Sie putzen und wischen, sie bürsten und reiben,
den Staub und den Schmutz nur recht schnell zu vertreiben.

Die Fingerlein sind zierliche Dingerlein.
Sie nähen und sticken mit Faden und Nadeln,
doch sticht's in den Finger, dann sind sie zu tadeln.

Die Fingerlein sind fleißige Dingerlein.
Sie halten so feste und führen geschwinde
den Stift und die Feder dem artigen Kinde.
Führen Sie die jeweils passenden Bewegungen aus!

Zwerge

All die vielen kleinen Zwerge
von dem hohen Tannenberge
wollen heut spazieren gehn,
denn die Sonne scheint so schön.
All die Packs und Pucks und Pitze
wackeln mit der Zipfelmütze.
Zwicken sich und zwacken sich,
fangen sich und haschen sich.
Doch oh weh, da kommt so dann,
eine dicke Wolke an.
Viele kleine Regentröpfchen fallen auf die Zwergenköpfchen.
Zwerglein laufen schnell nach Haus,
reißen vor der Wolke aus.
In ihr sicheres Versteck.
Husch, nun sind sie alle weg.
Laufen Sie mit allen Fingern (beide Hände) über den Tisch (oder eine sonstige Unterlage). Beim Wackeln mit der Mütze werden die Hände hoch gehoben und die Finger zappeln. Danach zwicken sich die Finger gegenseitig, wobei eine Hand die andere jagt. Der Regen wird durch Trommeln mit den Fingerspitzen auf den Tisch dargestellt. Am Schluss laufen alle Finger ganz geschwind in ihr Versteck unter dem Tisch.

Bimmel, bammel, bommel

Bimmel, bammel, bommel,
die Katze schlägt die Trommel
zehn kleine Mäuschen
tanzen in der Reih'
und die ganze Erde
donnert laut dabei.
Zuerst trommeln Sie mit den Fäusten auf den Tisch, dann mit allen zehn Fingern und am Schluss mit den flachen Händen.

Händchen schütteln

Wollen unsre Händchen schütteln
ganz geschwind, wie der Wind,
das macht Freude jedem Kind.
Und nun sollen sie sich drehen
flink und sacht, gebet Acht,
dass ihr's alle richtig macht.
Wendet jetzt zum Schluss die Hände,
hin und her, 's ist nicht schwer
und gefällt uns allen sehr!
Die Hände werden zuerst geschüttelt, dann gedreht und am Ende hin und her gewendet. Das Spiel kann auch mit mehreren Kindern gespielt werden, die sich die Hände reichen.

Mit Fingerlein

Mit Fingerlein, mit Fingerlein,
mit flacher, flacher Hand,
mit Fäustchen, mit Fäustchen,
mit Ellenbogen dran.
Wiediwitsch, patsch, patsch.
Wiediwitsch, patsch, patsch.

Klopfen Sie nacheinander mit den Fingern, der Handfläche, den Fäusten und den Ellenbogen auf den Tisch und klatschen Sie am Schluss in die Hände.

Kaufladen

Grüß Gott, grüß Gott, was wollen Sie?
Zucker und Kaffee.
Da haben Sie 's, da haben Sie 's.
Ade, ade, ade.
So warten S' doch, so warten S' doch,
Sie kriegen noch was raus!
Behalten Sie 's, behalten Sie 's,
wir müssen jetzt nach Haus.
Der kleine Finger ist der Verkäufer, der sich immer ganz freundlich verbeugt. Die andere Hand ist der Kunde, der am Schluss winkt.

Die fünf Reiter

Fünf Reiter kommen geritten,
der erste reitet auf einem Pferd,
das ist ihm tausend Taler Wert.
Der zweite reitet auf einer Kuh,
die schreit immer nur: »Muh, muh!«
Der dritte auf einem Esel reit',
der immer: »Ia, ia!« schreit.
Der vierte reitet auf einer Geiß,
die macht: »Meck, meck!«, wie jeder weiß.
Der fünfte reitet auf Schusters Rappen,
so kann er am allerbesten trappen.
Die fünf Reiter sind die Finger einer Hand, die zusammen über den Tisch geritten kommen. Danach geht es einzeln weiter. Der Daumen ist das Pferd, der Mittelfinger die Kuh,

usw., am Schluss wieder alle gemeinsam. Dazu machen Sie die entsprechenden Geräusche für die Kuh, den Esel und die Geiß.

Tipp

Versuchen Sie für sich selbst einmal eine schwierigere Variante: Zuerst im Takt mit dem Daumen allein tippen, dann mit Daumen und Zeigefinger, und so weiter. Versuchen Sie einmal die richtige Reihenfolge konsequent einzuhalten. Wenn Sie weder ein Musikinstrument spielen, noch das Zehnfingersystem auf der Schreibmaschine beherrschen, werden Sie spätestens beim vierten Finger leicht aus dem Takt kommen. Wetten, dass! Auf jeden Fall bekommen Sie eine Ahnung davon, welche Leistungen Kinder bei Fingerspielen erbringen müssen, und Sie erleben am eigenen Leib, welche Freude es Ihrem Kind bereitet, ein Erfolgserlebnis bei der Körperbeherrschung zu haben.

Zehn kleine Finger habe ich

Zehn kleine Finger habe ich,
und zum Vergnügen üb ich mich.
Ich lass sie auseinander gehn,
dann wieder dicht zusammen stehn.
Sie lernen höflich sich verbeugen,
eins vor dem anderen sich neigen.
Das tun sie stets mit frohem Mut.
Linke Hand: »Guten Tag! Wie geht 's?«
Rechte Hand: »Ich danke, gut!«

Die Finger werden passend zum Text gespreizt und aneinander gedrückt, gebeugt und gestreckt. Dann wird mit der linken, abschließend mit der rechten Hand gewunken.

Häuschen

Mein Häuschen ist nicht ganz gerade:
Das ist schade.
Mein Häuschen ist ein bisschen krumm:
Das ist dumm.
Bläst der Wind hinein,
fällt das ganze Häuschen ein.
Stützen Sie die Ellenbogen auf den Tisch und legen Sie die Hände so zusammen, dass ein schiefes Dach entsteht. Dann pusten Sie hinein (oder lassen das Kind hinein pusten) und lassen die Hände auf den Tisch fallen.

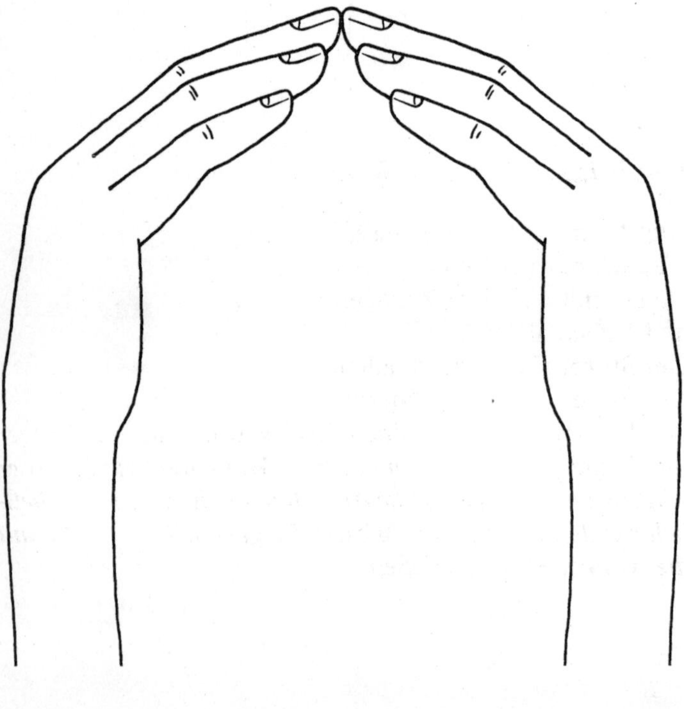

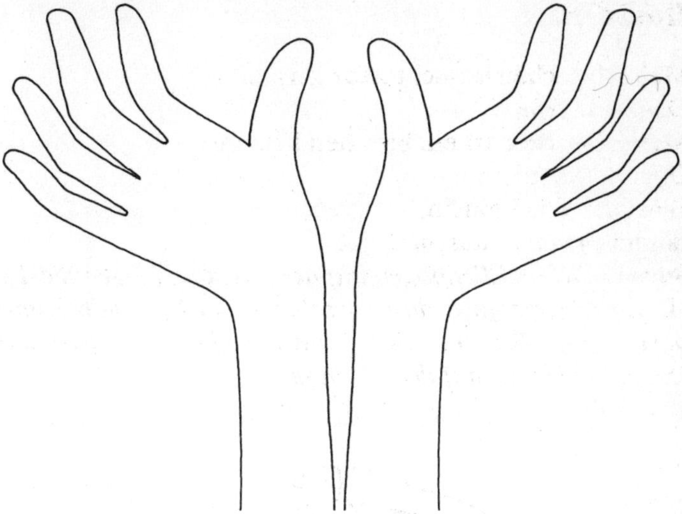

Die Bäume stehn im Kreise

Die Bäume stehn im Kreise,
die Luft bewegt sie leise.
Da kommt der Wind gezogen
und hat sie alle gebogen.
Der Sturm, der wirft sie alle um,
die Blätter tanzen wild herum.

Die Ellenbogen sind auf den Tisch gestützt und die Finger (als Blätter) bewegen sich langsam. Wenn der Wind stärker wird, bewegen sich auch die Arme hin und her, bis sie schließlich auf den Tisch fallen. Mit den Fingern wild zappeln und die Arme nach oben reißen.

Pitsche, patsche, Peter

Pitsche, patsche, Peter,
hinterm Ofen steht er,
flickt sein' Schuh' und schmiert sein' Schuh';
kommt die alte Katz dazu,
frisst die Schuh' und frisst die Schmer,
frisst mir alle Teller leer.
Nehmen Sie beide Hände des Kindes und klatschen Sie sie im Takt aneinander.

Patsche, patsche, Krügelchen

Patsche, patsche, Krügelchen,
mir und dir ein Krügelchen,
mir und dir ein Tellerchen,
sind wir zwei Gesellerchen.
Die Hände im Takt aneinander klatschen.

Haltet eure Arme still

Haltet eure Arme still,
nur das Händchen turnen will,
auf und nieder, so ist's schön,
alles muss im Takt geschehn.
Und nun dreht die Hände beide,
schaut bald die, bald jene Seite.
Her und hin und hin und her,
übt es nur, es ist nicht schwer.
Nur die Hände werden bewegt.

In unserm Häuschen

In unserm Häuschen
sind schrecklich viel Mäuschen.
Sie trippeln und trappeln,
sie zippeln und zappeln,
sie stehlen und naschen,
und will man sie haschen –
husch, sind sie weg!

Laufen Sie mit beiden Händen über den Tisch, wobei eine Hand immer versucht, die andere zu fangen. Bei »husch, sind sie weg!« beide Hände hinter dem Rücken verstecken.

Fünf kleine Mäuschen

Fünf kleine Mäuschen am Boden her
suchen nach Krümchen und sonst noch mehr.
Fünf kleine Mäuschen auf hohem Brett
knabbern am Kuchen sich dick und fett.
Aber die Katz mit den Augen rund
denkt schon, die treiben 's mir doch zu bunt,
macht einen Satz – doch die Mäuslein sind fort,
bleiben im Loche, am sicheren Ort!

Die Finger einer Hand sind die Mäuschen, die auf dem Tisch herum tanzen. Die andere Hand ist die Katze, die sich langsam heranschleicht. Am Schluss macht die Katze einen Sprung und die Mäuschen verstecken sich schnell unter dem Tisch.

Hund und Katze

Hund und Katze jagen sich
in dem Garten um die Linde.
Armes Kätzchen fürchtet sich,

klettert auf den Baum geschwinde.
Hündlein steht und bellt: »Wau, wau!«
Kätzchen aber ruft: »Miau!«
Die eine Hand verfolgt die andere. Schließlich krabbelt eine Hand am Arm des Kindes nach oben. Der Hund bleibt unten und bellt.

Zehn kleine Heinzelmännchen

Zehn kleine Heinzelmännchen seh' ich hier,
was ich auch tu, sie folgen mir.
Sie können zeichnen, stricken, nähen
und Mutters Kaffeemühle drehen.
Und haben sie ihre Arbeit gemacht,
da schlafen sie die ganze Nacht.
In der Früh wasch ich sie alle rein,
da sagen sie: »Guten Morgen ihr Kinderlein!«
Die Hände mit abgespreizten Fingern hin und her drehen und mit den Augen die Bewegungen verfolgen. Das Zeichnen, das Stricken und das Drehen der Kaffeemühle werden in der Luft vorgespielt. Fürs Schlafen werden die Hände gefaltet, an die Wange gelegt und der Kopf dabei zur Seit geneigt. Für die Morgenwäsche die Handflächen aneinander reiben.

Es tröpfelt – es regnet

Es tröpfelt, es tröpfelt,
es regnet, es regnet,
es hagelt, es hagelt,
es donnert, es donnert,
es blitzt, es blitzt
und alle Kinder laufen schnell nach Haus.
Beginnen Sie zuerst, mit den Fingerspitzen ganz leicht auf den Tisch zu klopfen, beim Regen wird das Klopfen schnel-

ler und stärker, beim Hagel schließlich so laut klopfen wie möglich. Wenn es donnert, trommeln Sie mit den Fäusten. Die Blitze werden mit der Hand in die Luft gemalt, wobei Zischgeräusche gemacht werden. Am Schluss laufen die Finger vom Tisch.
Dieses Spiel lässt sich mühelos auch mit mehreren Kindern spielen. Der Erwachsene ist dabei der Spielleiter und gibt den Takt vor. Ein Riesenspaß für Groß und Klein.

Es regnet

Huh, es stürmt gar fürchterlich,
regnet gar nicht fein.
Gartenhäuschen, öffne dich,
Kindchen will hinein.
Nun ihr Türchen, schließt euch zu,
schützt mich vor dem Wind!
Regen, so nun ströme du,
trocken bleibt das Kind.
Bilden Sie mit einer Hand ein Häuschen. Der Daumen ist die Tür. Zwei Finger der anderen Hand sind das Kindchen.

In Leipzig wird ein Turm gebaut

In Leipzig wird ein Turm gebaut
von Buttermilch und Sauerkraut.
Der Turm, der kriegt 'ne Ritze,
da schmiert ein fetter Fritze.
Und endlich wird es gar zu arg,
da fällt der ganze Turm in'n Quark.
Der Turm wird aus den Fäusten der Mitspieler gebaut, die abwechselnd eine Faust auf die andere setzen. Am Schluss stürzt der Turm ein. Dabei wird mit der flachen Hand laut auf den Tisch geklatscht. Bei mehreren Spielern setzen Sie

sich am besten im Kreis um den Tisch. Mitunter entsteht ein heilloses Durcheinander, das dem Spaß aber keinen Abbruch tut.

Tipp

Vor allem wenn Sie mit mehreren Kindern spielen, kann es gut sein, dass Sie (von verschiedenen Seiten) aufgefordert werden, ein Spiel zu wiederholen. Dem sollten Sie auch nachkommen. Spielen Sie aber nicht so lange, bis die Luft raus ist. Drei bis vier Wiederholungen sind in der Regel ausreichend.

Das Wetterhaus

Seht, das ist ein Wetterhaus,
schauen Frau und Mann heraus.
Wenn die liebe Sonne scheint,
schnell die kleine Frau erscheint.
Fängt 's jedoch zu regnen an,
kommt heraus der kleine Mann.
Mann, bleib lieber drin im Haus,
schick uns deine Frau heraus!

Die Fäuste werden aneinander gehalten. Der linke Daumen ist die Frau, der rechte Daumen der Mann. Daumen abwechselnd, passend zum Text, nach oben strecken und wieder einziehen.

Die Brücke

Zwei Daumen haben eine Brücke gebaut.
Viele Leute haben zugeschaut.
Da ist der/die (z.B. Name des Kindes) drüber gekrochen.
Da ist die Brücke zusammengebrochen.
Als Ausgangspunkt sind beide Hände nach vorn gestreckt, die Handflächen zeigen nach vorn, die Finger sind gespreizt. Führen Sie nun die Hände so zusammen, dass beide Daumen eine Brücke bilden. Alle anderen Finger zappeln unterdessen fröhlich hin und her. Laufen Sie als nächstes mit den Zeigefingern Schritt für Schritt von außen nach innen über die Daumen. In der Mitte angekommen, lassen Sie die Hände auf den Tisch fallen.
Das Kind darf jeweils entscheiden, wer über die Brücke gehen soll (z.B. Mama, Papa, Oma, usw.).

Zehn Kinderlein

Zehn Kinderlein, die laufen munter
trippel, trappel die Treppe runter.
Und auf der Straße in Reih und Glied
man tüchtig sie marschieren sieht.
Da kommt der Onkel fix,
Knaben – Diener, Mädchen – Knicks.
Dann tanzen sie lustig
und bum! – Da fallen alle um.

Mit beiden Händen auf dem Tisch herum trippeln, auf der Straße langsamer werden. Bei »Onkel fix« werden die Hände in die Luft gehoben. Die Finger der linken Hand werden nach vorne gebeugt. Die Finger der rechten Hand werden eingezogen. Dann führen alle Finger einen Tanz auf und fallen schließlich auf den Tisch.

Es sitzen zwei Tauben auf einem Dach

Es sitzen zwei Tauben auf einem Dach.
Die eine flog weg,
die andre flog weg,
die eine kam wieder,
die andre kam wieder,
da saßen sie alle beide wieder.

Beide Hände liegen auf dem Kopf. Zuerst fliegen sie nacheinander weg, dann kommen sie nacheinander wieder. Beim Fliegen mit den Fingern zappeln. Das Spiel auf dem Kopf des Kindes wiederholen.

Vögel

Alle meine Fingerlein
wollen heute Vögel sein.
Sie fliegen hoch,
sie fliegen nieder,
sie fliegen fort,
sie kommen wieder.
Sie bauen sich im Wald ein Nest.
Dort schlafen sie dann tief und fest.
Halten Sie beide Hände in der Luft und wackeln Sie mit den Fingern. Bei »fliegen hoch« die Arme nach oben strecken, bei »fliegen nieder« nach unten, bei » fliegen fort« zur Seite. Bei »kommen wieder« ziehen Sie die Arme wieder zu sich. Schließlich landen Sie auf dem Kopf des Kindes und streicheln es.

Immse wimmse Spinne

Immse wimmse Spinne,
wie lang dein Faden ist.
Da kam der große Regen
und der Faden riss.
Dann kam die Sonne,
leckt den Regen auf,
immse wimmse Spinne,
kletterst wieder rauf.
Halten Sie zwischen Daumen und Zeigefinger der rechten Hand einen imaginären Faden und ziehen Sie ihn auseinander. Die zappelnden Finger der linken Hand stellen den Regen dar. Mit den Zappelfingern den Faden zerstören und dabei mit der Zunge schnalzen. Am Schluss mit der rechten Hand am Körper des Kindes nach oben klettern. Dazu passt die Melodie von »Spannenlanger Hansel, nudeldicke Dirn«.

Wo ist der Daumen

Wo ist denn der Daumen?
Wo ist denn der Daumen?
Da ist er!
Da ist er!
»Guten Tag, wie geht 's dir?«
»Danke ganz vorzüglich!«
Weg ist er!
Weg ist er!

Beide Hände werden hinter dem Rücken versteckt. Die linke Hand wird hervor geholt und der Daumen nach oben gestreckt. Dann das Gleiche mit der zweiten Hand wiederholen. Dann verbeugen sich nacheinander der linke und der rechte Daumen, bevor sie beide der Reihe nach wieder hinter dem Rücken verschwinden. Dazu die Melodie von »Bruder Jakob«.

Tipp

Das Spiel lässt sich nacheinander mit allen Fingern wiederholen.

Wir spielen

Wir spielen, wir spielen und fangen lustig an.
Und wenn der Daumen nicht mehr kann,
dann kommt der Zeigefinger dran.
Wir spielen, wir spielen und fangen lustig an.

Wir spielen, wir spielen und fangen lustig an.
Und wenn der Zeigefinger nicht mehr kann,

dann kommt der Mittelfinger dran.
Wir spielen, wir spielen und fangen lustig an.

Wir spielen, wir spielen und fangen lustig an.
Und wenn der Mittelfinger nicht mehr kann,
dann kommt der Ringfinger dran.
Wir spielen, wir spielen und fangen lustig an.

Wir spielen, wir spielen und fangen lustig an.
Und wenn der Ringfinger nicht mehr kann,
dann kommt der kleine Finger dran.
Wir spielen, wir spielen und fangen lustig an.

Wir spielen, wir spielen und fangen lustig an.
Und wenn der kleine Finger nicht mehr kann,
dann kommt das ganze Händchen dran:
Wir spielen, wir spielen und fangen lustig an...
Mit dem Finger, der gerade an der Reihe ist, im Takt auf den Tisch klopfen. Am Schluss mit der ganzen Hand.

Kapitel 7

Kleine Geschichten

Bei den Spielen in diesem Kapitel sollten Sie sich von vornherein auf eines einstellen: Sie sind zunächst einmal Alleinunterhalter. Um die Geschichten irgendwann einmal nachspielen zu können, brauchen Kinder eine geraume Zeit. Zeit, in der Sie immer wieder bei Ihnen abschauen können. Neben dem Spiel der Finger ist es vor allem wichtig, dass Sie sehr betont sprechen. Versuchen Sie auch, verschiedenen Personen unterschiedliche Stimmen zu geben. Mit einem Wort: Bringen Sie Ihr schauspielerisches Talent voll zur Geltung! Gar nicht so einfach, aber die Mühe zahlt sich aus.

Häschen Löffelohr

Das kleine Häschen Löffelohr
schaut hinter einem Kohlblatt vor.
Die Ohren wackeln – dass ihr's wisst,
wie es grad von einem Kohlblatt frisst.
Und wenn wir still sind und nicht plappern,
dann hören wir das Häschen knabbern.
Doch biegen wir das Blatt beiseite,
da sucht das Häschen schnell das Weite!

Die Ohren des Häschens (Zeige- und Mittelfinger der rechten Hand) schauen hinter dem Kohlblatt (flache linke Hand) hervor und verbeugen sich. Die Knabbergeräusche imitieren Sie, indem Sie bei geschlossenem Mund mit den Zähnen klappern. Wenn das Kohlblatt zur Seite gebogen wird, verschwindet das Häschen (rechte Hand) hinter dem Rücken.

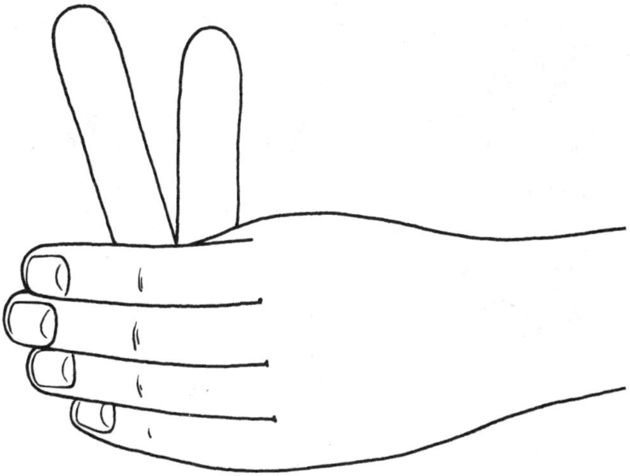

Steigt ein Büblein auf den Baum

Steigt ein Büblein auf den Baum,
ei, wie hoch! Man sieht es kaum.
Hüpft von Ast zu Ästchen,
schlüpft ins Vogelnestchen...

Ui, da lacht es!
Bums, da kracht es!
Plumps, da liegt es unten.
Klettern Sie mit Zeige- und Mittelfinger der rechten Hand am linken Arm (Baum) nach oben. Die Äste sind die gespreizten Finger, das Vogelnest befindet sich zwischen Daumen und Zeigefinger der linken Hand. Wenn die Äste krachen, klatschen Sie einmal und lassen die Hände auf den Tisch (die Oberschenkel) fallen.

Himpelchen und Pimpelchen

Himpelchen und Pimpelchen
stiegen auf einen Berg.
Himpelchen war ein Wichtelmann
und Pimpelchen war ein Zwerg.
Lange blieben sie dort oben sitzen
und wackelten mit ihren Zipfelmützen.
Doch nach fünfundfünfzig Wochen
sind sie in den Berg gekrochen.
Schlafen dort in süßer Ruh.
Seid fein still und hört mal zu.
Schhhh ... Schhhh... Schhh ...
Strecken Sie zu Beginn beide Fäuste nach vorn, die Daumen zeigen nach oben, und machen Sie Steigbewegungen. Bei »Himpelchen« wackeln Sie mit dem linken Daumen, bei »Pimpelchen« mit dem rechten. Dann wackeln Sie mit

beiden Daumen gleichzeitig. Wenn »Himpelchen« und »Pimpelchen« in den Berg kriechen, verstecken Sie die Daumen in Ihren Fäusten und machen dazu Schlaf- oder Schnarchgeräusche.

Tipp

Besonders schön wird diese Geschichte, wenn Sie auf Ihre Daumen kleine Gesichter malen oder Fingerpuppen überziehen.

Zehn kleine Zappelmänner

Zehn kleine Zappelmänner zappeln hin und her,
zehn kleinen Zappelmännern fällt das gar nicht schwer.
Zehn kleine Zappelmänner zappeln auf und nieder,
zehn kleine Zappelmänner tun das immer wieder.
Zehn kleine Zappelmänner zappeln rundherum,
zehn kleine Zappelmänner, die sind gar nicht dumm.
Zehn kleine Zappelmänner spielen mal Versteck,
zehn kleine Zappelmänner sind auf einmal weg.
Zehn kleine Zappelmänner rufen laut »hurra«,
zehn kleine Zappelmänner, die sind wieder da.
Zu Beginn die Hände nach vorn strecken und mit allen zehn Fingern zappeln, dann die Hände abwechselnd nach oben und unten bewegen, kreisende Bewegungen ausführen und hinter dem Rücken verstecken. Schließlich die Hände wieder hinter dem Rücken hervorholen und zappeln. Dazu gehört die Melodie von »Zehn kleine Negerlein«:

In dem Walde steht ein Haus

In dem Walde steht ein Haus.
Schaut ein Reh zum Fenster raus,
kommt ein Häschen angerannt,
klopfet an die Wand.
»Hilfe, Hilfe, große Not,
sonst schießt mich der Jäger tot.«
»Armes Häschen, komm herein,
reich mir deine Hand.«
Entsprechend den Versen führen Sie nachfolgende Bewegungen aus: Ein Haus in die Luft zeichnen, durch ein imaginäres Fernglas aus Daumen und Zeigefingern schauen, Häkchen in die Luft zeichnen, anklopfen, mit beiden Händen nach Hilfe winken, mit den Zeigefingern ein Gewehr

bilden, das Häschen mit dem Zeigefinger ins Haus locken und schließlich dem Kind die Hand geben.

Schneemann und Schneefrau

Der Schneemann und die Schneefrau
stehen an ihrem Platz.
Doch scheint die Sonne warm,
zerfließen sie zu Matsch.
Der Schneemann und die Schneefrau,
die machen einen Schwatz.
Doch wenn es regnet,
ist 's aus mit ihnen – klatsch!

Die linke und die rechte Faust werden nebeneinander auf den Tisch gestellt. Die Daumen zeigen dabei nach oben. Bei »zerfließen sie zu Matsch« wird mit beiden Händen auf den Tisch geklatscht. Für den »Schwatz« tippen die Daumen gegen einander. Anschließend wird mit den Fingerspitzen auf den Tisch geklopft, um den Regen darzustellen. Am Schluss wird in die Hände geklatscht.
Dieses Spiel ist auch für Kinder sehr leicht nachzuspielen.

Mäusefamilie

Das ist Papamaus,
sieht wie alle Mäuse aus:
große Ohren,
spitze Nase,
raues Fell
und einen Schwanz sooo lang.

Das ist Mamamaus,
sieht wie alle Mäuse aus:
große Ohren,

spitze Nase,
raues Fell
und einen Schwanz sooo lang.

Das ist Brudermaus,
sieht wie alle Mäuse aus:
große Ohren,
spitze Nase,
raues Fell
und einen Schwanz sooo lang.

Das ist Schwestermaus,
sieht wie alle Mäuse aus:
große Ohren,
spitze Nase,
raues Fell
und einen Schwanz sooo lang.

Das ist Babymaus,
sieht wie alle Mäuse aus:
kleine Ohren,
Stupsnase,
weiches Fell
und einen Schwanz so kurz.

Bei den ersten vier Strophen: Wackeln Sie mit dem Daumen (dem Zeigefinger, dem Mittelfinger, dem Ringfinger) des Kindes, malen Sie anschließend mit Ihren Händen große Ohren in die Luft, deuten eine lange Nase an und streichen über das Händchen. Danach die Hände des Kindes langsam weit auseinander ziehen.
Beim kleinen Finger (Babymaus): Wackeln Sie mit dem kleinen Finger, malen Sie anschließend kleine Ohren in die Luft, tippen aufs Näschen, streichen über die Hand, ziehen die Hände des Kindes kurz auseinander und klatschen sie wieder zusammen.

Tipp

Kleine Kinder identifizieren sich gern mit den »kleinen Tieren«. Stellen Sie also den kleinen Finger (auch wenn er manchmal Unfug treibt) immer ganz besonders in den Vordergrund. Bei der Mäusefamilie können Sie die letzte Strophe auch zweimal hintereinander spielen.

Apfelbaum und Zottelsaum

Da kommt der freche Zottelsaum,
der will alle Äpfel klaun.
Geschwind hüpft er von Ast zu Ast,
hat alle Äpfel angefasst.
Der erste ist sauer. Brrr!
Der zweite hat einen Wurm. Igitt!
Der dritte hat eine Wespe. Bsss!
Der vierte ist faul. Bäh!
Der fünfte aber, der ist klein.
Der schmeckt fein! Mmmm!

Stützen Sie den Ellenbogen auf den Tisch! Die gespreizten Finger sind die Äste mit den Äpfeln. »Zottelsaum« (Daumen und Zeigefinger) klettert zuerst am Baum hoch, hüpft von Ast zu Ast und zwickt dabei in alle Finger. Den Anfang macht der Daumen. Dazu machen Sie die entsprechenden Geräusche.

Statt am eigenen Arm können Sie auch am Arm des Kindes hoch klettern.

Schifffahrt

Die beiden Daumen, dick und klein,
die stiegen in ein Schiff hinein.
Das Schifflein fuhr hinaus aufs Meer,
das freute unsre Däumchen sehr.
Auf einmal kam der Wind daher
und blies und blies ins weite Meer,
die Wellen wogten rings herum,
sie warfen fast das Schifflein um.
Da wurd's den Däumchen bang zumut:
»Ach lieber Wind, sei doch so gut

und stell das dumme Blasen ein,
wir fürchten uns so ganz allein!«
Da blies der gute Wind nicht mehr
und schickte Sonnenschein aufs Meer.
Die Däumchen fuhren heim geschwind
und sagten: »Schönen Dank, Herr Wind!«

Die Hände werden gewölbt und so aneinander gelegt, dass sie die Form eines kleinen Schiffes ergeben. Die Daumen werden in das »Schiffchen« hineingelegt. Während sie mit dem Wind sprechen, werden sie nach oben gestreckt und »nicken«. Langsam fährt das Schiff hinaus (die Hände vom Körper weg bewegen und dabei schaukelnde Bewegungen machen.) Mit aufkommendem Wind wird das Schaukeln stärker (Bewegungen mit dem Oberkörper unterstützen). Zum Schluss fährt das Schiffchen leise schaukelnd wieder in den Hafen (Hände zum Körper ziehen).

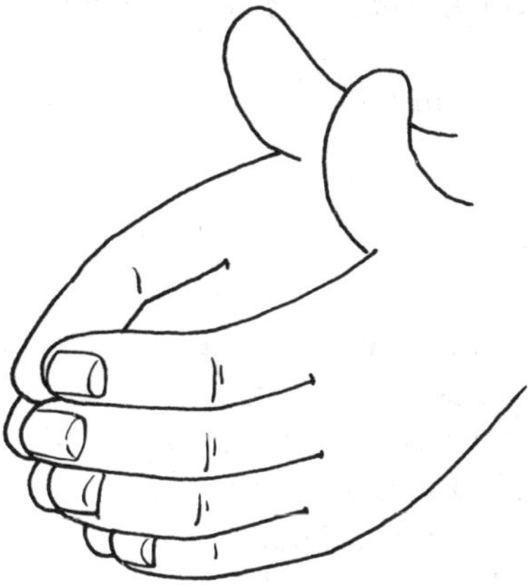

Die beiden Hände sind mein Kahn

Die beiden Hände sind mein Kahn,
die Luft die blaue See.
Da kommt mein Schifflein an,
ich steig' hinein, ade, ade!
Mein Schifflein schwankt wohl hin und her
und fährt dahin weit übers Meer.
Woge hin, woge her,
woge Schifflein durch das Meer!

Und durch die welligen Wogen,
da kommen die Fischlein gezogen,
ich werfe rasch mein Netz ins Meer,
ihr Fischlein lieb, oh kommt doch her.
Sie kommen geschwommen die Fischlein klein,
doch keines will ins Netz hinein.
Schwimmet hin, schwimmet her,
schwimmet Fischlein durch das Meer!

Falten Sie Ihre Hände zu einem Schiff, »nicken« Sie mit den Daumen zum Abschied und legen Sie sie ins »Schiff« (wie beim letzten Spiel). Dann lassen Sie den Kahn hinausfahren. Die Fische werden mit allen zehn Fingern dargestellt, die sich wie ein Schwarm bewegen (alle schwimmen immer gleichzeitig in eine Richtung). Um das Netz auszuwerfen, machen Sie eine ausholende Bewegung mit beiden Armen zur Seite und dann nach vorn (wie ein Fischer).

Das Schneeglöckchen

Tief in der Erde, von Schnee bedeckt,
hat sich das Schneeglöckchen versteckt.
Scheint die liebe Sonne und es regnet sacht,
da hat sich das Schneeglöckchen gedacht:

»Da oben auf der Erde im Sonnenschein,
da möchte ich gerne ein Blümelein sein.«
Es reckt sich und streckt sich und guckt aus dem Beet.
Seht nur wie fest es auf seinen Beinen steht.
Hört ihr es läuten ganz fein?
Schneeglöckchen läuten den Frühling ein.
Das Schneeglöckchen (linke Hand) ist unter dem Tisch versteckt. Um zur Sonne zu schauen, richten Sie Ihren Blick nach oben. Der Regen wird durch leichtes Klopfen mit den Fingerspitzen auf den Tisch imitiert. Lassen Sie Ihre Hand langsam unter dem Tisch hervorkommen und strecken Sie am Schluss die Finger nach oben. Wenn Sie ein kleines Glöckchen zur Hand haben, können Sie noch den Frühling einläuten.

Der Herbst ist da

Wenn der Herbst pfeift,
wird Regenwetter.
Wenn der Herbst pfeift,
dann fallen die Blätter.
Er schüttelt gewaltig die Bäumchen,
gibt Äpfel und Birnen und Pfläumchen.
Er pfeift, da fliegen die Vöglein fort
an einen fremden, warmen Ort.
Er pfeift, da schlafen die Blümelein,
die Raupen hüllen in Blätter sich ein.
Der Nebel ist des Herbstes Mantel,
die Regenwolken sind sein Kleid.
Leb' wohl, leb' wohl, du schöne Sommerzeit!
Wenn der Herbst pfeift, dann pfeifen Sie jeweils, bevor es im Text weitergeht. Die einzelnen Bewegungen: Regen ist leichtes Klopfen mit den Fingerspitzen; fallende Blätter

sind zappelnde Finger, die sich von oben nach unten bewegen; beim Bäumeschütteln greifen Sie mit der rechten Hand an den linken Arm und schütteln; Vöglein sind zappelnde Finger, die nach oben und zur Seite wegfliegen; das Schlafen wird durch gefaltete Hände an der Wange gespielt; die Raupen hüllen sich ein, indem Sie die linke Faust mit der rechten Hand umschließen; bei »leb' wohl« winken Sie!

Tipp

Kinder merken sich in der Regel sehr gut, welche Bewegungen Sie welchen »Tätigkeiten« zuordnen. Auch Sie bekommen den Dreh schnell heraus, weil sich verschiedene Abläufe bei den verschiedenen Spielen oft gleichen. Und falls Sie doch einmal etwas durcheinander bringen, wird Ihr Kind Sie bestimmt darauf aufmerksam machen.

Die Eisenbahn

Die rechte/linke Hand ist die Eisenbahn,
die Fingerlein sollen die Fahrgäste sein.
Sie steigen schon nacheinander ein.
Den Berg hinauf, da muss sie schnaufen,
den Berg hinunter, da kann sie laufen.
Sie bleibt sogar stehen vor unserem Haus,
da steigen die Fahrgäste wieder aus.
Sie sagen noch: »Auf Wiedersehn,
das nächste Mal soll 's weitergehn!«

Ein einfaches Spiel für eine Hand! Die Finger (Fahrgäste) werden nacheinander eingezogen. Dann setzt sich die Eisenbahn (Faust) in Bewegung (mit der Faust im Takt der Lo-

komotive auf den Tisch klopfen). Machen Sie dazu die Geräusche einer Dampflok. Bergauf geht es mühsam, bergab schneller werden.

Da oben auf dem Berge

Da oben auf dem Berge,
da ist der Teufel los,
da zanken sich fünf Zwerge
um einen dicken Kloß.
Der erste will ihn haben,
der zweite lässt ihn los,
der dritte fällt in'n Graben,
dem vierten platzt die Hos',
der fünfte schnappt den Kloß
und isst ihn auf mit Soß'!

Schließen Sie die linke Hand zur Faust (Kloß). Die Finger der rechten Hand tanzen drum herum. Dann zeigen Sie nacheinander alle Finger (rechte Hand) einzeln und greifen am Schluss den Kloß (linke Hand).

Zwei Zappelmänner

Zwei Zappelmänner
aus dem Sack!
Der eine heißt Schnick,
der andre heißt Schnack.
Schnick hat 'ne Mütze
und Schnack hat 'nen Hut,
und alle beide
vertragen sich gut.

Die Fäuste werden aneinander gehalten, die Daumen sind darin versteckt. Bei »aus dem Sack« verlassen die Daumen ihr Versteck und werden in die Höhe gestreckt. Dann ver-

beugt sich zuerst der linke Daumen »Schnick«, anschließend der rechte Daumen »Schnack«. Danach abwechselnd mit den Daumen wackeln. Am Schluss berühren sich beide Daumen. Auch dieses Spiel lässt sich sehr gut mit bemalten Fingern oder einfachen Fingerpuppen spielen.

Der Kaufmann

Der Kaufmann steht vor seinem Laden und wartet auf die Kunden.
»Guten Morgen, Frau Meier,
brauchen Sie Eier?«
»Guten Morgen, Frau Lang,
vom Weißbrot 'ne Stang'?«
»Guten Morgen, Frau Dick,
vom Käse ein Stück?«
»Guten Morgen, Frau/ Herr Klein,
was darf es für Sie sein?«
Der Daumen ist der Kaufmann und wird nach links und rechts bewegt, um Ausschau zu halten. Nacheinander berührt der Daumen alle anderen Finger einzeln, um sich mit ihnen zu unterhalten.
Auch sehr gut geeignet zum Spielen im Kaufladen des Kindes. Beim kleinen Finger darf es sich aussuchen, was es haben möchte.

Katz' und Maus

Kommt wir spielen Katz' und Maus,
die linke Hand, sie ist das Haus.
Die rechte Hand, sie ist die Katze,
sie schleicht mit ihrer weichen Tatze
um des Mäuschens kleines Haus,
Mäuschen schaut beim Fenster raus.

Seht da springt mit einem Satze
diese böse Miezekatze
auf das arme Mäuschen zu
und verspeist es dann im Nu.

Legen Sie die linke Faust auf den Tisch. Sie ist das Mäusehaus. Die rechte Hand schleicht um das Haus herum. Um die Maus aus dem Fenster hinausschauen zu lassen, strecken Sie den kleinen Finger aus und wackeln damit. Dann machen sie mit der rechten Hand einen Satz und greifen den kleinen Finger.

Daumen Knuddeldick

Das ist der Daumen Knuddeldick,
das sieht man auf den ersten Blick.
Mach' ich die Hand zur Faust,
schlüpft Knuddeldick zurück ins Haus.
Er schnarcht, dass sich die Balken biegen.
Komm näher ran, dann siehst 'n liegen.

Strecken Sie die rechte Hand nach vorn. Der Daumen zeigt nach oben und wackelt. Dann wird die Hand langsam zur Faust geschlossen, der Daumen verschwindet darin. Schnarchgeräusche machen! Jetzt wird die Faust Finger für Finger geöffnet, bis der Daumen ganz zu sehen ist.

Fünf Männlein sind in den Wald gegangen

Fünf Männlein sind in den Wald gegangen,
die wollten den Osterhasen fangen.
Das erste, das war so dick wie ein Fass,
das brummte immer: »Wo ist der Has? Wo ist der Has?«
Das zweite rief: »Sieh da, sieh da!
Da ist er ja, da ist er ja!«
Das dritte war das allerlängste,

doch leider auch das allerbängste,
das fing gleich an zu weinen:
»Ich sehe keinen, ich sehe keinen!«
Das vierte sagte: »Das ist mir zu dumm,
ich mach' nicht mehr mit, ich kehr' wieder um!«
Das kleinste aber, das hat's gemacht,
das hat den Hasen nach Hause gebracht!
Da haben alle Leute gelacht.
Wackeln Sie nacheinander mit allen Fingern. Besonders schön mit Fingerpuppen!

Die kleine Schnecke Max

Die kleine Schnecke Max
wollt' sich die Welt besehn
nahm 's Häuschen huckepack
und sagt auf Wiedersehn.
So vierzehn Tag lang
kroch sie geradeaus.
Dann hatte sie genug,
verschwand im Schneckenhaus.
Machen Sie die rechte Hand zur Faust und strecken Sie Zeige- und Mittelfinger als Fühler aus. Die linke Hand wird als Schneckenhaus über den Handrücken gelegt. Danach kriecht die Schnecke los und verkriecht sich zum Schluss in ihrem Haus (Zeige- und Mittelfinger einziehen).

Linke Hand, die ist der Stall

Linke Hand, die ist der Stall,
die Finger sind die Tiere all.
Dieses dicke Däumelein
ist ein kleines, fettes Schwein.
Zeigefinger ist das Pferd,

ist dem Reiter lieb und wert.
Mittelfinger ist die Kuh,
hört nur, wie sie schreit: »Muh, muh!«
Ringfinger ist der Ziegenbock,
hat ’nen langen Zottelrock.
Und das kleine Fingerlein
soll mein liebes Schäfchen sein.
Tiere laufen im Galopp
über Stock und Stein, hopp, hopp,
alle in den Stall hinein,
denn es bricht die Nacht herein.

Mit der linken Hand bilden Sie einen Stall, indem Sie die gewölbte Hand auf den Tisch legen. Die Tiere (die Finger der rechten Hand) finden dort Unterschlupf, nachdem sie sich alle einzeln vorgestellt haben.

Guten Tag, liebe Sonne

Fünf Fingerlein schlafen fest
wie die Vöglein in ihrem Nest.
Sie haben geschlafen die ganze Nacht
und sind auch am Morgen nicht aufgewacht.
Da lacht die Sonne vom Himmel herunter
der Daumen, der Dicke,
wird als erster munter.
Er reckt sich und streckt sich,
dann ruft er erfreut:
»Guten Tag, liebe Sonne,
schön ist es heut!«
Dann klopft er dem Nachbarn
auf die Schulter ganz sacht’:
»He, Kinder, aufgewacht!«
Der Zeigefinger ruft:
»Was soll das heißen?

Mich so aus dem besten Schlaf zu reißen!«
Dann sieht er die Sonne und ruft erfreut:
»Guten Tag, liebe Sonne, schön ist es heut!«
Da haben die beiden getanzt und gelacht,
davon sind die anderen auch aufgewacht.
Dann nicken sie alle und rufen erfreut:
»Guten Tag, liebe Sonne, schön ist es heut!«
Halten Sie die Faust geschlossen und machen Schnarchgeräusche. Dann strecken Sie den Daumen aus und nicken damit. Tippen Sie dann mit dem Daumen auf den noch geschlossenen Zeigefinger. Auch dieser reckt sich und streckt sich. Um zu tanzen, berühren sich Daumen und Zeigefinger. Schließlich werden alle Finger gestreckt und winken.

Tipp

Bei den kleinen Geschichten können Sie viel improvisieren. Lassen Sie hier etwas weg, fügen Sie dort etwas hinzu, und ganz schnell haben Sie Ihr ganz persönliches Spiel für Ihr Kind.

Schweinchen Fett und Schweinchen Dick

Schweinchen Fett und Schweinchen Dick
blieben heut allein zurück.
Hinterm Tore warten sie
auf ihr Mahl – satt sind sie nie.

Schweinchen Fett und Schweinchen Dick
recken sich ein ganzes Stück
vor dem Tore in die Höh’, noch kein Futter da, oh weh!

Schweinchen Fett und Schweinchen Dick
ziehen traurig sich zurück.
Doch da öffnet sich das Tor
und sie stürzen draus hervor.

Schweinchen Fett und Schweinchen Dick,
welche Wonne, welches Glück,
seht ein voller Trog, ha, ha,
steht mit saft'gem Futter da.

Schweinchen Fett und Schweinchen Dick
im nächsten Augenblick
stürzen zu dem Troge hin,
plumps, da liegen beide drin.

Die Fäuste werden aneinander gehalten, die Daumen zeigen als Schweinchen in die Höhe und wackeln. Dann ziehen sie sich in die Fäuste zurück. Wenn das Tor sich öffnet, schnellen die Daumen nach oben und nicken.

Schließlich werden die Fäuste gedreht, sodass die Handrücken nach oben zeigen und die Daumen gegeneinander zeigen. Die Daumen beginnen umeinander zu kreisen, die Arme werden dabei nach vorne gestreckt und fallen am Schluss auf den Tisch. Zwischendurch können Sie auch immer wieder Grunzgeräusche machen. Das kommt bei den Kindern immer gut an.

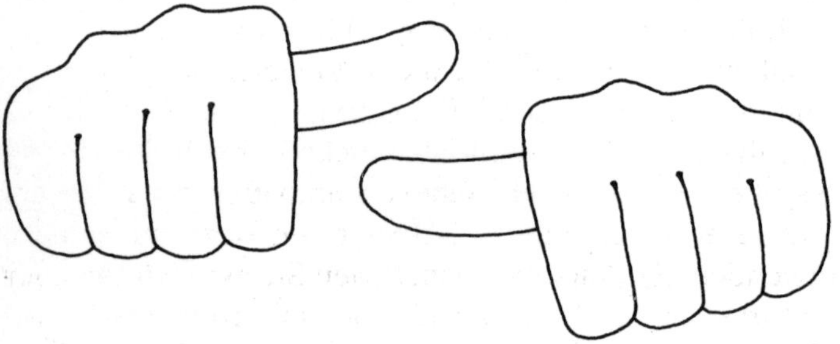

Kapitel 8

Fingertheater

Im letzten Kapitel wird Ihr ganzer Einsatz gefordert und auch ein gewisses Maß an Fingerfertigkeit. Das bedeutet, dass Sie sich etwas besser vorbereiten müssen als bei den kurzen Fingerspielen. Wunderdinge werden jedoch nicht von Ihnen erwartet. Alles ist machbar. Eine Riesengaudi vor allem für etwas ältere Kinder. Vielleicht spielen Sie ja sogar vor einem größeren Publikum.

Die folgenden kleinen Theaterstücke können Sie eins zu eins übernehmen, nach Belieben umbauen oder Sie improvisieren ganz einfach. Bemalen Sie Ihre Finger oder verwenden Sie Fingerpuppen, bauen Sie eine Bühne oder nicht, mit einem Wort: Spielen Sie ganz nach Ihrem Belieben oder mit Shakespeare gesprochen: »Wie es Euch gefällt«.

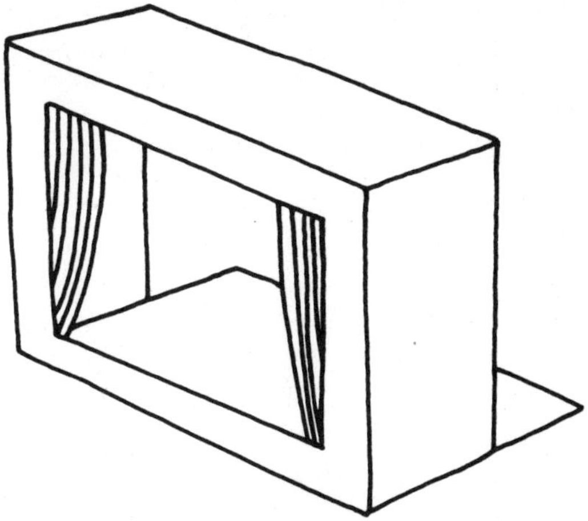

Tipp

Um Ihren kleinen Theaterstücken einen besonderen Rahmen – im wahrsten Sinne des Wortes – zu verleihen, können Sie mit wenig Aufwand aus einem Karton eine Bühne basteln. Schneiden Sie den Karton dafür so zurecht, dass er sich nach vorne aufklappen lässt, und schon haben Sie eine Guckkastenbühne, die sich sehen lassen kann. Nach Belieben können Sie Ihr »Schmuckkästchen« noch bemalen, bekleben oder mit Kulissen versehen. Dann platzieren Sie Ihre Bühne in Augenhöhe der Kinder auf einem Tisch, setzen sich auf einen Stuhl dahinter und los geht's.

Das Hexenhaus

Im Wald, da steht ein Hexenhaus,
die Hexe guckt zum Fenster raus.
Ein Daumen schaut hervor.
Da kommt das kleine Hänschen her
Der andere Daumen kommt dazu.
und ärgert die Hexe gar so sehr.
Die Daumen balgen sich.
Die Hexe klopft darauf bumm – bumm,
Ein Daumen klopft auf den anderen.
da fällt das kleine Hänschen um.
Ein Daumen kippt nach unten.
Klein Hänschen kriegt 'nen Riesen Schreck
Entsprechendes Geräusch machen.
und läuft weg.
Der Daumen verschwindet.
Die Hexe aber ruft: »Juhu!«
Jetzt hab' ich wieder meine Ruh.
Anderer Daumen verschwindet.

Zwei Händchen und acht Fingerlein

Zwei Händchen und acht Fingerlein,
dazu zwei Großmütterchen, die Däumelein:
Sie haben einander lange nicht gesehn,
sie wollen sich besuchen gehn.
Wie sie zusammenkommen,
sagen sie: »Willkommen, willkommen!«
Sie grüßen sich, sie neigen sich,
sie reichen sich behände
einander schön die Hände.
Erzählen sich gar mancherlei
vom Körbchen, vom Nestchen und vom Ei,
vom Täubchen und dem Taubenhaus,
wie sie da fliegen ein und aus.
Von den Fischlein klein,
wie sie lustig schwimmen und fein.
Dann von der Kugel und dem Ball
und wie sie heißen die Spiele all.
Doch was soll nach dem Erzählen geschehen?
Die Kinder sagen:
»Auf den Turm wollen wir gehen,
da ist es so schön, so schön, so schön,
da kann man gar weit um sich sehn!«
Die Großmütter sagen:
»Wir bleiben zu Haus',
wir gehen lieber ins Kirchenhaus.«
Die Kinderchen steigen den Turm hinan,
dass man sie kaum noch sehen kann.
Sie steigen so hoch, so hoch, so hoch,
da fallen sie in ein tiefes Loch.
Der Turm zerschlägt das Kirchenhaus,
die Großmütter kommen lebendig heraus.

Und sehet doch, ei, sehet doch,
auch die Kinderlein leben noch.
Sie steigen heraus aus dem finsteren Loch,
sie hüpfen und springen und danken fein,
und sagen: »Achtsamer wollen wir künftig sein!«
Zur Begrüßung wackeln Sie zunächst mit Ihren Fingern, anschließend mit den Daumen. Der Rest ist Improvisieren. Lassen Sie sich Bewegungen und Geräusche einfallen, die zum Text passen! Sie können auch leise Hintergrundmusik laufen lassen.

Kasperles Abenteuer

Seit eh und je erfreut das Kasperle Jung und Alt. Es müssen aber nicht immer die klassischen Handpuppen sein. Mit den Fingern geht es genauso gut!

Tipp

Fürs Kasperletheater ist es wichtig, dass die Kinder die handelnden Personen (Kasperle und seine Freunde) kennen. Sollte dies nicht der Fall sein, dann stellen Sie die noch unbekannten Figuren den Kindern vor, z. B. mit folgendem kleinem Spiel.

Seht, da kommt der Kasper her,
den mögen alle Kinder sehr.
Der Zeigefinger der rechten Hand erscheint und tanzt fröhlich.
Der Seppel ist als Nächster dran,
der hilft dem Kasper, wo er kann.
Der Zeigefinger der linken Hand wird hoch gehoben und bewegt sich auf das Kasperle zu.

Prinzessin und Gretel, diese beiden
können sie besonders gut leiden.
Mittelfinger beider Hände kommen nacheinander dazu und umarmen Kasper und Seppel.
Hier kommt der Räuber und der Wachtmeister mit Stock.
Der macht immer: Tock, tock! Tock, tock!
Ein Ringfinger klopft gegen den anderen.
Sie alle gehen jetzt die Großmutter suchen,
denn die backt immer so leckere Kuchen.
Alle Finger verschwinden.
Großmutter ruft alle Freunde herbei:
»Kommt her, liebe Kinder, heut gibt 's süßen Brei!«
Der Daumen der rechten Hand ist die Großmutter.
Da kommt das hungrige Krokodil.
Das frisst so viel, das frisst so viel!
Die linke Hand ist das Krokodil. Dabei werden die Finger und der Daumen zu einem Maul geformt, das immer auf und zu schnappt und die Großmutter verfolgt. Diese flüchtet.
All unsere Freunde sind sich lieb und teuer
und bestehen gemeinsam viele Abenteuer.
Alle Finger zappeln munter.

Tipp

Tipp: Die Reaktionen der Kinder sind nicht immer vorhersehbar, aber mit ein wenig Übung können Sie das »Gelächter und Geschrei« in die gewünschten Bahnen lenken. Sie müssen Ihrem Publikum dazu lediglich an den richtigen Stellen ausreichend Zeit lassen. Dann ist es ganz einfach, eine Art Dialog zwischen den Zuhörern und den handelnden Personen (Kasperle und Freunde) aufzubauen.

Die Prinzessin hat Geburtstag

1. SZENE

Tri tra trullala, der Kasper, der ist wieder da.
Zeigefinger der rechten Hand ist das Kasperle und tritt von rechts auf die »Bühne«. Er bewegt sich dabei leicht auf und nieder, dreht sich nach links und rechts, um sich umzusehen.

Kasperle: Seid Ihr alle da?
Kinder: (*im Chor*) Ja!
Kasperle: Wo seid ihr denn? Ich kann euch gar nicht sehen!
Kinder: Hier!
Kasperle: Ach da seid ihr ja! Guten Tag, liebe Kinder. (*verbeugt sich; mit dem Zeigefinger nicken*) Was für ein wunderschöner Tag heute! Und wisst ihr was: Die Prinzessin hat heute Geburtstag. Das wird ein Fest!
(*von links treten Kasperles Freunde Gretel und Seppel auf: Der Zeigefinger ist Gretel, der Mittelfinger Seppel*)
Kasperle: (*zu den Kindern*) Sagt mal, habt ihr die Gretel und den Seppel gesehen? Wir waren nämlich hier verabredet. Ich frage mich, wo die beiden wohl geblieben sind.
Kinder: Da! (*zeigen auf Gretel und Seppel*)
Kasperle: (*dreht sich in Richtung seiner Freunde; alle bewegen sich aufeinander zu und umarmen sich*) Hallo Gretel, hallo Seppel.
Gretel und Seppel: (*nacheinander*) Hallo Kasperle.
Kasperle: Jetzt müssen wir uns aber beeilen! Wir wollen doch die Prinzessin besuchen, weil sie heute Geburtstag hat! Habt ihr auch den Kuchen dabei, den die Großmutter gebacken hat?
Gretel: (*etwas weinerlich*) Ach Kasperle! Stell dir vor, was passiert ist. Der schöne Kuchen ist einfach verschwunden. Die Großmutter hat ihn nur zum Abkühlen auf die Fensterbank gestellt und dann war er plötzlich weg.

Seppel: (*klagt auch*) Ja, genau so war es, und ich habe mich schon so auf den Kuchen gefreut. Den hat bestimmt der Räuber geklaut.
(*der Mittelfinger der rechten Hand ist der Räuber; er taucht hinter dem Kasperle auf; Mittelfinger ausstrecken*)
Kasperle: So ein Halunke! Na, der kann was erleben! (*zu den Kindern*) Wisst Ihr vielleicht, wo der Räuber steckt?
Kinder: (*da! Zeigen auf den Räuber*)
Kasperle: Ja, wo ist er denn? Ich sehe ihn gar nicht! (*die Hand wird hin und her gedreht, so dass Kasperle und Räuber immer abwechselnd rechts und links stehen; Kasperle kann den Räuber nicht sehen*)
Kasperle: (*zu den Kindern*) Ich glaube, ihr wollt mich an der Nase herumführen!
Kinder: Nein!
Seppel: (*zu Kasperle*) Aber Kasperle! Da ist er doch! (*zum Räuber*) Na warte! Wenn ich dich erwische! (*geht zum Räuber und balgt sich mit ihm; die entsprechenden Finger aneinander klopfen*)
Räuber: (*jammert*) Au! Au! Aufhören! Ich habe doch gar nichts getan!
Seppel: Ha! Das soll ich dir glauben? (*haut weiter auf den Räuber ein*)
Räuber: Bitte hör doch auf, Seppel! Mir geht es gar nicht gut heute!
Kasperle: (*zum Räuber*) Ach, du Ärmster! Was hast du denn?
Räuber: (*jammert*) Ich habe ganz furchtbares Bauchweh!
Kasperle: (*lacht*) So, so! Du hast wohl zu viel Kuchen gegessen! Das kommt davon!
Räuber: Aber ich wollte doch nur mal probieren. Der Kuchen sah so lecker aus!
Kasperle: Der Kuchen war aber gar nicht für dich! (*zu den*

Kindern) Für wen war denn der Kuchen bestimmt, liebe Kinder?
Kinder: Für die Prinzessin!
Kasperle: (*zum Räuber*) Da hörst du es! Die Prinzessin hat nämlich heute Geburtstag! Sie ist bestimmt ganz traurig, wenn sie keinen Kuchen bekommt. Mal sehen, was wir da noch machen können. (*alle Finger tauchen ab*)

2. SZENE

Die Finger werden gewechselt. Der Zeigefinger der rechten Hand ist die Prinzessin. Sie steht auf der rechten Seite der Bühne. Von links kommen Kasperle, Seppel, Gretel und der Räuber. Bevor sie bei der Prinzessin ankommen, bleiben sie für ein kurzes Gespräch stehen.

Kasperle: Das ist ja zum Glück noch einmal gut gegangen!
Gretel: Unsere Großmutter ist die Beste. Sie hat einfach noch mal einen Kuchen gebacken.
Seppel: Da wird sich die Prinzessin aber freuen. Und der Kuchen duftet so fein.
Räuber: (*reumütig*) Ich finde es schön, dass ihr mir nicht mehr böse seid. Ich werde es auch bestimmt nicht wieder tun! (*zu den Kindern; verschmitzt*) Außer bei einer guten Gelegenheit.
Alle vier gehen zur Prinzessin und gratulieren ihr zum Geburtstag. Dabei umarmen sie alle nacheinander.
Prinzessin: (*fröhlich*) Das ist aber schön, dass ihr alle gekommen seid. Ein wunderbarer Tag. Und jetzt lasst uns alle feiern!
Alle tanzen fröhlich miteinander; die Finger zappeln lustig. Am Schluss wird gesungen: Tri tra trullala, das Kasperle war heute da. Dann verschwinden die Figuren langsam nach unten

Anmerkung

Das Kasperletheater verläuft immer nach demselben Prinzip: Kasperle tritt in Kontakt mit den Kindern und führt sie in die folgende Geschichte ein. Dann kommt meistens eine »böse« Überraschung, weil nicht alles so läuft wie ursprünglich geplant. Verantwortlich dafür sind in aller Regel der Räuber, die Hexe oder das Krokodil. Gemeinsam finden die Freunde schließlich eine Lösung und alle sind am Ende glücklich und zufrieden. Sogar die »Bösewichter« dürfen oft mitfeiern, weil sie in Wirklichkeit gar nicht so böse sind. Nach diesem Muster können Sie selbst beliebig viele Spiele erfinden, wobei nicht immer alle Figuren beteiligt sein müssen. Je nach Lust, Laune und Länge des Spiels können Sie natürlich auch andere Figuren, etwa diverse Tiere, in Ihre Stücke mit einbauen.

Anhang

Bastelanleitungen

Bühnenbilder

Alternativ zum traditionellen Guckkasten können Sie Ihre Figuren auch auf anderen Bühnen bzw. vor einem anderen Hintergrund auftreten lassen. Die Vorlagen können Sie kopieren und auf einen Karton kleben. Lassen Sie auf dem Karton unten einen Rand zum Umknicken, damit Sie Ihre Bühne noch richtig befestigen können. Die weitere Gestaltung bleibt einzig Ihrer Kreativität überlassen. Hier drei Vorschläge:

Schneiden Sie die Punkte aus und stecken Sie ihre Finger hindurch.

Die Fenster werden ausgeschnitten. Die Finger schauen als Fahrgäste heraus.

Schneiden Sie die Fenster an der perforierten Linie aus und klappen Sie sie nach außen. So werden Ihre Finger im Handumdrehen zu Hausbewohnern.

Fingerpuppen

Sie können Ihre Finger ganz einfach zu Personen machen, indem Sie sie bemalen. Noch etwas praktischer ist es, einen Streifen Papier auszuschneiden, ein Gesicht aufzumalen und ihn dann als Ring um den Finger zu legen.

Auf den folgenden Seiten finden Sie noch einige Figuren, die Sie als Anregung für Ihre Fingerpuppen nehmen können. Um sie an den Fingern zu befestigen, können Sie unten ganz einfach einen breiteren Rand lassen, den Sie dann als Ring um den Finger legen. Oder aber Sie schneiden ein kleines Loch, durch das Ihr Finger hindurch passt. Eine weitere reizvolle Alternative ist es, einen »Spielhandschuh« zu entwerfen, auf den die Figuren aufgeklebt werden.